# 加害者家族の子どもたちの現状と支援

犯罪に巻き込まれた子どもたちへのアプローチ

編著 NPO法人 World Open Heart 理事長 阿部恭子

現代人文社

# はじめに

「暴力からは逃げられますが、運命から逃げることはできません。親に罪を犯されるということは、最大の虐待です」

　暴力団の父親から生まれたというＡさん。母と二人、一人親家庭で育った。父親の存在は知らない。顔も覚えてはいない。それにもかかわらず、父に大切なものを奪われたと証言する人々はたくさんいるという。Ａさんも被害者の一人である。結婚や就職といった人生の大事なときに、いつも父親の影に選択肢を奪われてきた。

　「親を敬え」「家族団欒」「家族だから……」多くの人がごく普通に使っているかもしれないこうした言葉に、Ａさんは傷ついて生きてきた。加害者家族支援という言葉を聞いたとき、罪を犯しても断ちがたい家族への愛情だけが美化され、恐怖でしかない「家族」に統合させられる。そんなイメージを抱いたという。実際、Ａさんは、男性依存の強い母親にも悩まされ、そのたびに大人たちに助けを求めてきた。しかし、言われることは決まって「親を大切に」「母親だから信じろ」という世間一般の常識でしかなかった。「きれいごとで処理しないでほしい。憎しみの受け皿も用意してほしい」と訴えるＡさん。

　罪を犯した人が、家庭では良き夫、良き父親であったという家族の評価は決して珍しいことではない。それゆえ、犯罪者という烙印を押された親に対して、否定できない愛情を抱きながら、社会的評価とのギャップに胸を痛める子どもたちの思いは想像にかたくない。

　一方で、幼いころから虐待を受けて育ち、犯罪者の子どもとして、

保護も、同情すらも受けることなく、加害者家族として厳しい差別に晒され親を憎んで生きてきたと証言する人々も存在する。

　欧米諸国で発展してきた加害者家族支援の中心は、第二の被害者と呼んでも過言ではない子どもたちへの支援である。諸外国の先行研究や実践例は、加害者家族を取り巻く日本社会の現状に大きな示唆を与えるが、日本の加害者家族の個々の事例にただちに応用できるかといえば必ずしもそうではない。2008年から始まったNPO法人World Open Hearによる日本の加害者家族支援は今年で10年目を迎え、対応してきた相談は1,500件にのぼる。全国各地から寄せられる相談に対応して、筆者は近年、地方に積極的に足を運ぶようになり、都市部とは異なる地方の実情も見えてきた。こうした文化的、地域的差異をも踏まえて、加害者家族の子どもたちの個性や家庭環境といった多様性に配慮しながらも、いま日本の加害者家族の子どもたちに求められる支援とはいかなるものか、検討することを本書の目的とする。

　第1部では、諸外国も含めて実践されている子どもを中心とした加害者家族支援の内容とそれぞれのフィールドにおいて求められている加害者家族の子どもたちのニーズについて検討する。

　第2部では、未成年が捜査に協力する場合や、情状弁護における家族のプライバシーへの配慮など、加害者家族の子どもの視点から刑事司法について検討する。

　第3部では、各家庭において問題となる事件の告知のあり方や収監されている親と子どもの面会について、さらに、学校や地域は加害者家族の子どもたちとどのように関わっていけばよいのかについて検討する。

　第4部では、加害者家族の子どもへの心理的支援のあり方と面接を実施した事例を紹介する。

　第5部では、本書の総論として、国や地方自治体レベルで求められる加害者家族の子どもたちへの施策と官民共同のあり方、社

会啓発のあり方について論ずる。

　本書は、加害者家族の子ども時代の体験や、現在、子どもたちと接している支援者の体験を中心に構成されており、決してマニュアル化できないさまざまな子どもの状況に焦点を当てることを目指した。加害者家族の体験が、いま、まさに悩みを抱えている人々の処方箋となれば幸いである。

　本書で紹介するすべての事例は、相談者のプライバシーへの配慮から、事実をもとにしたフィクションとして構成している。


2019年2月12日
阿部恭子

# 目次 「加害者家族の子どもたちの現状と支援」

はじめに　3

## 第1部　加害者家族の子どもたちへの支援と現状

### 第1章　日本における加害者家族の子どもたち
[阿部恭子]

- ○はじめに …………………… 14
- ○メディアが描いた「加害者家族の子どもたち」………… 14
- ○養育者からの相談──加害者家族102人からの聞き取り … 16
- ○加害者家族の子どもたちの支援に向けて──社会に付与すべき当事者性 ……………… 23

### 第2章　加害者家族である親子の支援──NPO法人スキマサポートセンターの取組みから
[佐藤仁孝]

- ○NPO法人スキマサポートセンターとは ……………… 25
- ○事例①──電話相談による加害者家族の妻と子の支援……… 28
- ○事例②──ピアカウンセリングと無料相談会による加害者の母親と兄弟への支援 ……………… 35
- ○おわりに ……………… 39

### 第3章　アメリカと諸外国における被収容者を親にもつ子どもの支援
[北茉莉]

- ○はじめに ……………… 41
- ○支援団体（アメリカ） ……… 44
- ○支援団体（アメリカ以外）… 46
- ○本・教材 ……………… 48
- ○おわりに ……………… 49

## 第4章
### 韓国における被収容者の子どもたちの支援
——児童福祉実践会セウムの取組みから
[李京林]

- ○はじめに ………………… 50
- ○韓国における被収容者の子どもの状況 ……………… 51
- ○セウムの紹介 ………………… 56
- ○セウムの実践事例 ……… 63
- ○おわりに ………………… 74

**コラム①**
台湾の
受刑者家族
支援……76頁

---

## 第2部　加害者家族の子どもたちと刑事司法

## 第1章
### 捜査段階における加害者家族の子どもたちの人権
[阿部恭子・草場裕之(監修)]

- ○はじめに ………………… 80
- ○事例①——参考人としての事情聴取 ……………… 80
- ○事例②——子どもを伴う事情聴取 ……………… 83
- ○事例③——未成年の家族への事情聴取 ……………… 85
- ○おわりに ………………… 86

## 第2章
### 刑事裁判と加害者家族の子どもたちの人権
[阿部恭子・草場裕之(監修)]

- ○はじめに ………………… 87
- ○事例①——加害者家族の子どもによる裁判傍聴……………… 88
- ○事例②——被告人の更生と家族 ……………… 90
- ○おわりに ………………… 92

**コラム②**
映画紹介
……93頁

## 第3部　加害者家族の子どもたちへの社会的支援

### 第1章
### 事件の告知と
### 子どもの知る権利
[阿部恭子]

- ○はじめに ………………… 98
- ○子どもの知る権利とは何か
  ………………………………… 99
- ○告知の意義と方法………… 100
- ○刑事手続の流れに沿った告知
  ………………………………… 101
- ○その他、告知に関して問題とな
  ること ……………………… 103
- ○事件の告知をめぐる日本社会
  の問題点 …………………… 105
- ○おわりに ………………… 106

### 第2章
### 収容されている
### 親と子どもの
### 交流支援
[阿部恭子・草場裕之(監修)]

- ○はじめに ………………… 107
- ○事例①――受刑者との面会交流
  ………………………………… 108
- ○事例②――累犯者の母親と子ど
  もの交流 …………………… 110
- ○おわりに ………………… 112

### 第3章
### 加害者家族の
### 児童・生徒への支援
### ――学校との連携のあり方
[阿部恭子・駒場優子・相澤雅彦]

- ○はじめに ………………… 113
- ○事例①――重大事件の児童・生
  徒への影響 ………………… 113
- ○事例②――兄が性犯罪で逮捕さ
  れた弟妹への支援 ………… 116
- ○おわりに ………………… 120

## 第4章
### 加害者家族の子どもたちと地域社会
#### ——地域における連携可能性と限界
[阿部恭子]

- ○はじめに ………………… 121
- ○事例①——被収容者の子どもへの介入 ………………… 121
- ○事例②——地域住民が母子を支えたケース ………………… 124
- ○事例③——都市から地方への転居で失敗したケース ………… 125
- ○おわりに——「地域で支える」ことの難しさ ………………… 128

## 第4部　加害者家族の子どもたちへの心理的支援

コラム③
書籍紹介
……130頁

## 第1章
### 子どもを中心とした心理的支援のあり方
[相澤雅彦]

- ○子どもが加害者に巻き込まれた際に ………………… 134
- ○子どもの行動と心情は必ずしも一致しない ………………… 136
- ○子どもと関わるにあたって ………………… 137
- ○おわりに——子どもが直接相談に繋がらなくてもできること ………………… 138

## 第2章
### 加害者家族の子どもへの心理的支援
[駒場優子]

- ○はじめに ………………… 140
- ○事例①——父親が逮捕された家庭での子どもへの心理的支援 ………………… 140
- ○事例②——父親が逮捕された母子への心理的支援 ………… 145
- ○おわりに ………………… 150

**コラム④**
加害者家族の子どもたちの現状について……152頁

## 第5部　加害者家族の子どもたちのケアと人権

### 第1章
### 加害者家族の子どもの抑圧と人権に関する予備的考察
——国家の責任を中心に
[宿谷晃弘]

○はじめに ………………… 158
○抑圧の論理と性質について
　………………………… 159
○抑圧からの解放の論理について——人権アプローチを中心に
　………………………… 165
○加害者家族の子どもの人権と国家の責任について …… 171
○おわりに ………………… 174

### 第2章
### 日本における加害者家族の子どもたちへのアプローチ
[阿部恭子]

○はじめに ………………… 175
○国家の責務 ……………… 175
○社会的課題 ……………… 177
○具体的支援のあり方 …… 179
○おわりに ………………… 182

**コラム⑤**
私の偏見……184頁

あとがき　186
編著者・執筆者・監修者略歴　189

# 凡例

- 註は、註番号近くの頁に傍註として示した。
- WOHとは、NPO法人World Open Heartの略称である。
- 本書に登場する事例は、執筆者が実際に関わった複数の事例を組み合わせ、個人が特定されないよう配慮した架空の事例である。
- ［→●●頁］とは、「本書の●●頁以下を参照」を意味する。

# 第1部

## 加害者家族の
## 子どもたちへの
## 支援と現状

## 第1章

# 日本における加害者家族の子どもたち

### 阿部恭子（NPO法人World Open Heart理事長）

## はじめに

　本章ではまず、「加害者家族の子どもたち」について、昨今、メディアで取り上げられるようになったケースとその意義について検討する。

　WOHと加害者家族の子どもとの関わりは、養育者を通じた間接的な関わりがほとんどである。[1] 10代の時に親が逮捕された経験を持つ加害者家族から、子ども時代の状況についてインタビューした内容を含め、事件が子どもたちにおよぼす影響について検討したい。

## メディアが描いた「加害者家族の子どもたち」

### 1. 映画『誰も守ってくれない』

　映画『誰も守ってくれない』（2009年公開）は、フジテレビの人気ド

---

1　養育者からの相談について、阿部恭子編著／草場裕之監修『加害者家族支援の理論と実践——家族の回復と加害者の更生に向けて』（現代人文社、2015年）155〜157頁をあわせて参照されたい。

ラマ『踊る大捜査線』の脚本家である君塚良一監督が手掛けた作品で、第32回モントリオール世界映画祭にて最優秀脚本賞を受賞している。本作品は、幼女殺害容疑で逮捕された高校生の兄を持つ妹の物語である。志田未来演じる中学生の主人公には、メディアスクラム（集団的過熱取材）や家族の自殺、周囲の裏切りなど加害者家族としての厳しい現実が待ち受けている。映画のタイトルが示すように、重大事件の加害者家族は日本中を敵に回してしまったような恐怖にさらされ、社会からどんどん孤立していく。中学生が背負うにはあまりに重過ぎる運命。警察官や精神科医が一時的に守ってはくれるものの、ともに生きて支えてくれるような存在は登場しない。

　「加害者家族」といえば本作品を思い出すという人も多く、加害者家族の存在を多くの人に知らしめた作品である。刑事ドラマやサスペンスにおいても従来は脇役でしかなかった加害者家族が、テレビドラマや映画の主人公として登場するようになったことは、その存在が社会的に認知されてきた証でもある。

　本作品はフィクションであり、実話をもとに製作されたとの表示もない。しかし、程度の差こそあれ、描かれているのは、実在の加害者家族も経験してきた事実である。本作品は、中学生を主人公にすることで加害者家族の被害者性をあぶり出し、社会的支援が必要なはずの中学生にまで社会的制裁が向けられる状況を放置してよいのかという疑問を投げかけている。

## 2. 加害者家族の子どもたちのノンフィクション

　2017年、和歌山毒物カレー事件の死刑囚の長男（NHKドキュメンタリー「事件の涙」）、北九州監禁殺人事件の死刑囚の長男（フジテレビ「ザ・ノンフィクション」）など、重大事件の加害者家族の子どもたちの生活を追ったドキュメンタリーが放送され反響を呼んだ。いずれも個人が特定されないよう映像加工が施されているものの、親

が殺人事件の犯人という過酷な運命を背負った子どもたちの生活がリアルに報道されたことは画期的であった。

　加害者家族が実名で顔を出して出版した書籍は、オウム真理教の教祖麻原彰晃の三女松本麗華著『止まった時計——麻原彰晃の三女・アーチャリーの手記』(講談社、2015年) である。類を見ないような凶悪事件であったことから、家族のプライバシーは暴露され、大学入学を拒否されたことも話題となった。父親が親族二人を殺害した大山寛人著『僕の父は母を殺した』(朝日新聞出版、2013) では、父が殺人を犯した事実を受け入れられずに非行や自傷行為を繰り返した著者の10代の体験が生々しく綴られている。

　二つの作品から感じられることは、世間から犯罪者と罵られようが、親を血のつながった家族として否定できない愛情である。加害者家族としての人生が過酷であればあるほど、みずからのルーツである家族を考えざるをえない。実在する加害者家族の存在が完全に可視化されたという点で、この二作品の社会的意義は大きいといえる。

# 養育者からの相談——加害者家族102人からの聞き取り

　下記に示すデータは、2008年から現在まで、筆者が、親が罪を犯した加害者家族102人から聞き取った子ども時代の体験についてまとめたものである。

## 1. 事件をどのように知ったか

　図1は、親が起こした事件がどのような犯罪であったかを示しており、「殺人」「詐欺」「交通事故」「性犯罪」と、被害者が存在している事件が半数以上である。図2は、当時10代だった子どもたちがどのように事件を知ったのかを示したデータである。子どもた

図1　事件内容

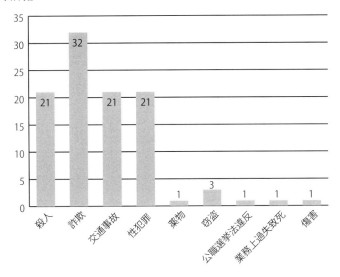

図2　事件を知った経緯

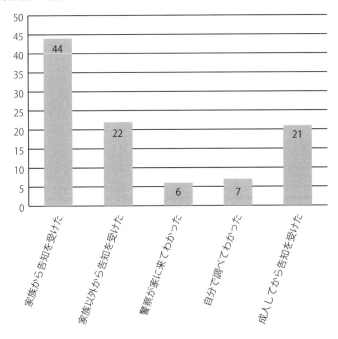

ちの体験が想像しやすいように、話された内容をそのまま表記する（プライバシー保護のため方言は標準語に修正してある）。

**(1) 家族(同居人)から告知を受けたケース**

・「ある日突然、家に知らない人が来るようになり、周りが慌ただしくなっている理由を母親に聞くと、お父さんは警察に捕まってしばらく帰ってこないと言われました」（当時10歳、詐欺事件）

・「母から父が交通事故で亡くなったと伝えられました。『加害者』であったことを理解できたのは数年後です」（当時9歳、交通死亡事故）

**(2) 家族以外から告知を受けたケース**

・「叔母さんが家に来て、パパは逮捕されて、ママは警察で話を聞かれているといっていました」（当時12歳、詐欺事件）

・「警察官から丁寧に説明を受け、励まされたことを覚えています」（当時10歳、詐欺事件）

・「学校から帰ってくると、家の前にたくさんの人がいて家に入れませんでした。おろおろしている僕を見かねて、隣の家のおばさんが家に入れてくれました。そこで、父が逮捕されたことを聞きました」（当時13歳、性犯罪）

・「家で留守番をしているとき、父親からお金を騙し取られたという人が来ました。お金を返してほしいと怒っていて、あなたのお父さんは泥棒で、家族が贅沢な生活をしていたら家族も同罪などと長い時間説教されました」（当時15歳、詐欺事件）

・「いつも遊んでくれる友達が、突然遊んでくれなくなったので理由を聞くと友達は、『お母さんから泥棒の子どもとは遊ぶなって言われた……』と告げられました」（当時9歳、窃盗事件）

**(3) 警察が家に来てわかったケース**

・「突然、家にたくさんの人が来たことを覚えています。母親は『おまわりさんだから怖がることないよ』といっていました」（当

時8歳、殺人事件）

・「警察官が家に来て、いろいろ探し回っていたので、父は犯人なのだと察しました」（当時11歳）

⑷　**自分で調べてわかったケース**

・「母が家に帰ってこなくなって、名前をインターネットで検索したら逮捕の記事をみつけました」（当時16歳、殺人事件）

・「父親の名前を検索すると、逮捕の記事がありました。やっぱりとは思いましたが、性犯罪だったことはショックでした」（当時17歳、性犯罪）

⑸　**成人になってから告知を受けたケース**

・「就活しているとき、母が離婚した理由が父の事件だったことを聞かされました。正直、混乱しました。無事に就職できたので良かったですが、就職に影響するんじゃないかと余計な心配が増えました」

・「母が倒れて入院したときに聞きました。薄々気がついていましたが、やっぱりと思いました。高校生活は楽しかったので、高校時代に言わないでいてくれて助かりました」


## 2. 10代に体験した加害者家族としての差別

102人中、事件の影響でいじめや差別、虐待などの被害に遭ったと話した人は61人である。

⑴　**虐待経験**

「養育者から虐待を受けた」と話した人は5人、親の逮捕によって親戚などに預けられることになり、そこで虐待を受けたという。

・「家事や店の手伝いをやらされ、使用人同然でした」

・「家庭では他の子どもたちとは完全に区別され、対等に接してはもらえませんでした。それでも養父母は町の名士で、自分を引き取ったことを周囲に自慢していました」

・「毎日のように加害者である父の悪口を言われつらかったです」

第1章　日本における加害者家族の子どもたち　19

・「養父はとても優しかったのですが、昼間、留守にしていると
きは養母から暴力を受けたり、本当の子どもたちと同じ食事
を出してもらえませんでした」

## (2) 差別・いじめ体験

加害者家族であることから差別やいじめを受けたという経験を
持つ人は56人である。

・「村中から人殺しの子どもと言われ石を投げられたり水をかけ
られたりしました」

・「いつも遊んでいたグループから、突然仲間外れにされたこと
はおぼえています」

・「中学校の部活動を辞めさせられました」

・「生徒会役員でしたが、父が逮捕された後、先生方から辞める
ように言われました」

・「学校に行くと、亡くなった人のように机に花瓶が置かれてい
ました。だれも話しかけてはくれませんでした」

・「近所の人や同じ高校の生徒から、何度も『盗んだ金で贅沢し
やがって』と言われ、唾を吐きかけられたりしました」

・「当時、交際していた相手の親から突然電話があり、二度と娘
に近づくなと言われました」


## 3. 事件後の生活の変化

**図3**は、事件後に起きた生活の変化を示したデータである（複数
回答）。以下、それぞれの生活状況がわかるように話された内容を
そのまま示す。

## (1) 生活水準が下がった

詐欺事件の家族が多く、事件前は裕福な家庭で育っていた子ど
もたちも少なくない。何不自由ない生活から困窮すれすれの生活
への急激な変化に、子どもたちは慣れるまで苦しんでいる。

・「父親が逮捕される前、母親は専業主婦でお菓子もすべて手作

図3　事件後の生活の変化

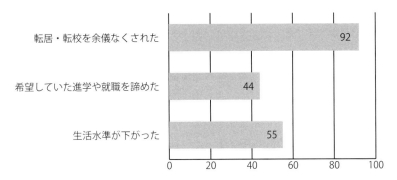

りでした。事件後、母親は働かなければならなくなり、家に帰ると疲れてすぐに寝込んでいたのです。夕食はいつも母親が仕事先でもらってくる冷たいお弁当になりました」
・「何不自由ない生活から、急にその日食べるものにさえ困るほど貧乏になりました。死のうと言う母を何度も説得して生き延びたのです」

(2) 希望していた進学や就職を諦めた
・「私立に通っていましたが、学費が続かなくなり転校しました。あたりまえに大学は行くものと思っていましたが、母親から学費を払えないと言われて諦めました」
・「才能があると言われて、実績もあったのですが、父が逮捕されてからレッスン代が払えなくなり夢を諦めるしかありませんでした」
・「警察官になりたかったのですが諦めました」

## 4．10代の加害者家族としての悩み

102人中、56人は事件が周囲に知られることはなく、直接的に差別を受けた経験はないという。それでも人知れず悩みを抱え、苦しんでいる様子が語られた。

(1)　家族の話題になるとき、嫌な気持ちになった

　・「お父さん何やってるとか、聞かれるたびにドキドキしました。堂々と言える人が羨ましかったです」

　・「英語の授業で家族の自己紹介をしなければならないときがあり、嫌でその日は学校を休みました」

　・「『なんでパパいないの？』と聞かれても答えられませんでした。だんだん友達と遊ぶのが嫌になっていきました」

(2)　事件のことを誰にも話せないことがつらかった

　・「事件後、家庭の中にもタブーができた感じです。犯罪のニュースが流れると、皆、暗くなったり、話を逸らしたり……」

　・「犯罪者の父のことは絶対口外するなと言われていたので、知りたいことがあってもだれにも聞けないし、話せないことが苦しかったです」

　・「事件のことが周囲にばれて、仲間外れにされたらどうしようっていう不安がいつもありました」

(3)　何もできない自分を無力に感じた

　・「父が事故で亡くなってから、母は毎日泣いていました。お金にも困っている様子でしたが、何かできるわけでもなく、ただ不安な毎日の中にいました。だれかと話ができればよかったのですが……」(当時10歳)

　・「事件を起こした人は父なのに、母がいろんな人から責められる理由がわかりませんでした。ただ、見ていてかわいそうでした」(当時8歳)


## 5．犯罪の世代間連鎖について

　諸外国の加害者家族支援の中心は、子どもたちのケアである。その理由として、犯罪の世代間連鎖を断つという目的がある。実際、犯罪者の子どもたちにその後、非行などの問題行動が出てくるケースも少なくないからである。

しかし、筆者が聞き取りをした親が罪を犯した子ども102人の中で、犯罪に手を染めた人は一人もいなかった。思春期には、家出や不登校、自傷行為といった問題行動を起した人々もいるが、成長とともに落ちつき、社会人として自立した生活を送っている。

聞き取りをした加害者家族は皆、支援に活かしてほしいとみずからの体験について積極的に話をしており、知的水準の高い人々であった。家族のなかで犯罪が生まれたという悲劇を肯定的な意味に転換する能力を有していたことは、みずからの人生を切り開くことにつながったと思われる。


# 加害者家族の子どもたち
## の支援に向けて——社会に付与すべき当事者性

加害者家族という存在は、たとえ、罪のない子どもであってもタブー視され、支援の発想は生まれなかった。日本は犯罪が少ない国であり、犯罪者の家族という存在まで想像できる人はそう多くはないであろう。犯罪被害者等基本法が成立したのは2004年であり、被害者の権利が明文化されたことによって、被害者支援が確立し、ようやく社会が加害者家族にまで関心を向けるにいたった。

映画やテレビドラマの主人公として加害者家族が登場することは、広く共感を引き出すことが期待され、さらなる物語が増えていくことが望まれる。加害者家族に関するメディアの関心は高く、取材の依頼も絶えないが、メディアの描く加害者家族の限界として、特殊なケースに限られてしまうことである。事件後の加害者家族の人生が、波乱万丈であればあるほど社会的関心を集めやすいからである。しかし、これは一歩間違えれば新たな偏見を生むことにもつながりかねない。

筆者が出会った加害者家族の多くは、社会に溶け込み、ごく普

通の生活を送っている。子ども時代もまた、心に傷を抱えながらも常識から外れない生き方をしてきた人々である。毎日のように起こる事件や事故の背後には多くの家族が存在し、家族に属する限りだれの身にも起こりうることであり、決して他人事ではないはずだ。

　日本で最も多くの加害者家族に関わってきたWOHの使命は、少数である加害者家族の多様性を示し、より多くの人から同情ではなく共感を引き出す努力をしなければならない。

第2章
# 加害者家族である親子の支援
——NPO法人スキマサポートセンターの取組みから

佐藤仁孝（臨床心理士）

# NPO法人スキマサポートセンターとは

　2015年1月、大阪市でNPO法人スキマサポートセンター[1]を設立した。設立の目的は、「行政・団体等が行う支援の隙間を埋め、さらに充実させるため、心理・法・福祉の専門性を活用し、実践的活動や研究、研修を行い、必要とされている支援を行き届かせることで社会秩序の維持向上を図ること」と定款で定めた[2]。臨床心理士を中心に弁護士、社会福祉士といった有資格者のほか、元家庭裁判所調査官や元学校長、就労支援経験者などの実務経験者で構成しており、心理・法・福祉の専門性や実務的知識を集約したワンストップの支援を目指している。

　スキマサポートセンターでは、加害者家族に対する支援として、電話相談窓口と定期的に加害者家族が話し合うピアカウンセリング、また、心理・法・福祉の専門家による無料相談会を開催している。

## 1. 電話相談
　加害者家族は、事件について他者に話すことに強い抵抗を持つ

---

1　[http://sukima-support.red/]（2019年1月7日アクセス）。
2　[https://www.npo-homepage.go.jp/npoportal/document/113010455/teikan/1/%E5%AE%9A%E6%AC%BE.pdf]（2019年1月7日アクセス）。

ており、匿名であっても相談の電話をかけることに躊躇する者が多い。親族や関係各所に、そのつど事情を説明することのストレスは大きい。このように加害者家族にとって、電話をかけることには大きな勇気が必要であることを、相談者はまず尊重しなければならない。また、電話相談の段階では、加害者家族自身が混乱しており、問題を認識、整理できていないケースが多く見受けられる。今後何が起き、何をすべきかが想像できず、「どうしたらよいのかわからない」という訴えが多い。

また、加害者家族は話している途中で泣き出すなど、精神状態は不安定である場合が多い。家族自身が精神科、心療内科等に何とか通院がかなった際に、即座に入院となったケースもある。家族は、このように不安定な精神状態を抱えながら、生活を維持し、多岐にわたる手続を行わなければならない。

そのため、電話相談では、加害者家族の精神状態への配慮をしながら、まずどういった問題があり、どういった手続が必要であるかを整理することが大きな目的となる。社会資源の情報の提供は、支援の重要な要素であるが、支援機関等の電話番号を伝えたとしても、相談への抵抗が生じてできない、遂行する余力がない、ことも少なくない。また、その意思決定には時間がかかることも多いことを認識している必要がある。

危機介入のような支援のスピードが求められる場合もあるため、加害者家族の困りごとに対応するには、多方面の専門性が求められる。また、電話相談には、遠方から相談が寄せられる場合も多い。その場合、電話による情報提供とエンパワーメントが主となる。このように加害者家族支援に対する初期支援として電話相談は非常に重要な手段であるといえよう。

## 2. ピアカウンセリング

冒頭で述べたように本センターでは、若干名の専門家も交えた、

加害者家族が集まり話し合えるピアカウンセリングの場を提供している。加害者家族の集まりということで、多くの配慮が求められる。まず、加害者家族を守るために集会場所は非公開であり、事前予約制をとっている。集会においては、守秘の厳守、ほかの参加者の発言への批判は避けて、傾聴に徹する。発言の機会を平等に担保するために、円形に座り、ひとつのアイテム（手に収まる地球儀の玩具）を順次回し、それを持つ者だけが発言できるなどのルールを設定している。発言したくない参加者は発言のパスも容認される。同席する支援者もこの場では、具体的助言、援助は行わない。あくまで当時者が主体である。このように保護された場にあって、はじめて同じ加害者家族同士、加害者本人のこと、家族のこと、自分自身の心境や変化などを、自由に話すことができる。専門家の助言やカウンセリングとは別に、ほかの家族に共感し、比較することで、自分だけではなく、同じ悩みを抱えている人がいるのだと気づき、孤立感を低減する機能を持つ。問題が具体化し、ピアカウンセリングの後で専門家の助言を求める家族も多い。

## 3. 個別相談会

　ピアカウンセリングと並行して、別室で個別相談会を開催している。ピアカウンセリング、電話相談を通して対面による個別相談会への申込みが行われるが、電話相談の段階でおおよその問題が整理されており、その問題に応じて心理・法・福祉の各専門家が面談をする。複合的な問題を抱えているケースが多く、臨床心理士と弁護士が同席して相談を受けるような場合もある。

# 事例①
——電話相談による加害者家族の妻と子の支援

　加害者家族に未成年の子どもが含まれることがある。多くの場合、加害者家族は本人の逮捕直後、混乱や落ち込みなど精神的な影響がある。そのうえに刑事手続や警察、職場、学校といった関係各所への対応などがのしかかり、家族が子どもの変化に気づきにくい状況になる。子どもにケアが必要であっても周囲の大人が手一杯である場合が見受けられる。環境や養育者を立て直すことは、加害者家族の子どもにとっても重要である。まずは生活を安定させること、養育者が精神的に安定することが子どもにとっては先決であると考えられる。

　次に挙げる事例は、遠方からの相談であり面談をすることはかなわず、電話で支援した事例である。夫が逮捕され、その妻を支援することで、子どもを含む家族の生活環境の安定につながったと考えられた事例である。なお、以下に記す事例は、相談者である妻が述べた内容の要約であり、個人が特定されないように適宜加筆してある。

## 1. 初回電話相談

　会社員の夫Ａとその妻Ｂ、長女Ｃ（小学３年生女児）の３人家族で社宅に住んでいた。加害者となったＡに関してＢから電話があった。電話をすることになったきっかけは、Ａの弁護人からスキマサポートセンターの存在を聞いた、とのことであった。Ａが逮捕されてから15日が経過していた。遠方のため電話のみで相談を続けた。他者に話したくないが、当センターに電話をしようと踏み切ったのは、Ｃに対し何をしたらよいのかわからず、相談したかったためとのことであった。初めての電話を受けてから数日間にわ

たり電話を通じて話し合った。

### ⑴　妻Bの様子

　弱々しい声ではあるが、受け答えははっきりしていた。話の途中で泣きだすことは何度もあり、夜中に不安になって電話がかかってくることもあった。体調について尋ねると、何もする気がおきないなど、活動性と気分の低下が顕著であった。食事は少しでも取るようにしており、不規則ではあるが睡眠も取れているとのことであった。「消えてしまいたいが娘がいるからできない」とも話していた。精神科などの受診については、考えたこともあるが状況が落ちついてからでなければ行けず、また近隣の目があり外出することに強い抵抗があるとのことであった。

　事件発覚後、しばらく経ってから相談の電話をしたことについては、他者に話をしてよいか迷っていたことや、警察やAの職場への対応や自分の両親とのやり取りに疲弊し、電話を触ることがつらく、電話を触ること自体が怖いと感じてできなかったとのことであった。

### ⑵　事件の概要

　弁護人から、Aの罪状は強制わいせつか強姦になるだろうと聞いた。夫は否認、黙秘を続けているが、ほかにも事件が発覚したとのこと。その後弁護人からは2度連絡があったが、示談を進めると言われて以降連絡がない。

　Bは、法的な事柄に知識がない様子で、「示談にはお金がかかるということは聞いたことがある」と話すにとどまった。刑事事件の流れや、法的な事柄について説明の必要性があった。

### ⑶　事件までの夫婦関係と今後について

　Bは、Aについて泣きながら話した。これまで、Aには浮気もされた。子どもが生まれてからも、性的な問題があり、暴行容疑で逮捕され証拠不十分で不起訴になったこともある。しかし、Bとしては、離婚は考えているものの、心の底から離婚がしたいわ

けではない。Aからは刑が確定したら、離婚して慰謝料を請求してよいと言われている。弁護人からは、身元引受人がいないと裁判官に悪い心証を与え量刑に影響しかねないため、裁判が終わってから離婚してほしいと言われている。

Aは会社員で、長女と3人で社宅に住んでいた。夫の職場から、判決までは免職はできないと言われ、さらに1カ月をめどに、住居をあけ渡すよういわれた。Bは、転居の手続について経験がなく、何から始めたらよいのかわからない様子であった。みずから賃貸住宅を探すことが初めてであったため、その手順を伝えた。荷物の移動は、その後でもよいので、今は考えなくてよいことも伝えた。賃貸探し、引越し手続について、徐々に動き出した。

Cの通う学校にはしばらく休むとだけ伝えた。学校はニュースなどを見て事件のことを知っていると思うが、Bとしては怖くて話を切り出すことができず、学校から電話がかかってきても出られていない状態である。住居のインターホンが鳴った場合も身をひそめるようにして出ないようにしている。学校に何と話をしたらよいのかわからず、話すことに強い抵抗を感じるとのことであった。

当面の生活費と転居費用はあるが、今後どうやって生活していけばよいのかわからないとのこと。貯金はあるがAの名義となっており、A所有の車が一台あるとも話していた。

Bの両親との関係が悪化した。父親からは、離婚をするまで実家に受け入れられないと言われている。事件の影響があるかもしれないから、と言われたとのこと。事件前から両親とは疎遠で、両親は結婚自体をよく思っていなかったとの背景もあった。父親が立腹し、Bを責めているとのことであった。母親は娘であるBと孫のCのことを気にかけており、二度自宅にまで来て、代わりに買い物をしてきてくれた。しかし、父親の意向があり、母親はそれに従わざるをえず、自宅に訪問したことも父親には伏せて来

30 第1部 加害者家族の子どもたちへの支援と現状

たとのことであった。

　Bは、AやAの会社と両親、弁護人、Bの両親、被害者とのやりとりもしなければならないと考えをめぐらせていた。実際にすべきことは多かった。しかし、Bの精神状態を配慮すると、同時に対処してくことは難しいと考えられた。また、今後の予測も立てにくく、冷静な判断をすることも難しい様子であった。

### ⑷　長女Cの様子

　Cには、Aが逮捕されたことを黙っていたかったが、ニュースを観てしまった。CはBを慰め「一緒にお父さんを助けよう」と言ってくれた。泣いたりはしていないが、あきらかにBに気を遣っている様子が見られるとのことであった。Bとしては、何をどうやってCに伝えたらよいのかわからないという悩みを持っていた。

　Cは、しばらくは学校に行きたいと言っていたが、最近は言わなくなった。社宅に住んでいるため、同じ敷地、建物には、Aの職場の同僚やその家族ばかりが住んでおり、近所づきあいもあった。Bとしては周りの目があるため外出させられないとのことであった。Aが逮捕されてからバルコニーを除いて一歩も外は出ていない。Cは家でテレビを見たり、教科書を読んだりして過ごしている。逮捕後、一度だけ夜尿があった。昨日、首をかきむしり出血しているのを見つけた。爪噛みが最近始まったとのことであった。

### ⑸　見立てと支援方針

　Bの精神状態は悪いが、何とか一部の関係者とのやりとりは行っていた。今後の展望が持てないため、今後の生活に対する不安が強い様子であった。また対人恐怖的な反応として、学校やAの両親とのやりとりを回避している様子もうかがえた。ストレスフルな環境下で、これ以上のストレスを加えることに危険性を感じた。しかし、通院などはすぐにはできそうになかった。

　転居に関する手続や、弁護人や学校とのやりとりなど、心理的

第2章　加害者家族である親子の支援　　31

な抵抗と疲れから、負担は大きいと思われた。連絡してやりとりをするにも、Bの知識が乏しく、支援者から、多くの説明が必要であった。転居や離婚などをするにしても、勾留期間の延長や、保釈の認否、執行猶予か実刑かなど、刑事事件の流れとすり合わせて動かなければならず、今後の時間的な見通しをつけるためにも、弁護人に尋ねる事柄は多く、質問を整理しておく必要があった。また、Aへの差入れや手紙、面会などの知識も皆無であったため、これらについても説明を行った。

弁護人や学校とのやり取りを円滑にするために、質問項目をまとめ、選択を迫られる場合の相談も常時続けることになった。また、事件の概要について、今後口頭でやりとりするにはストレスが大きいため、説明ができるように事件の経過を文章にして残すことにした。

Bの両親の協力を得られると大きな助けになるが、その両親との関係性についてもBは悩んでいた。Bの両親も、事件があり動揺しているのではないかと推測でき、そのつど相談することになった。Bは、Aの両親に連絡しておらず、どうしたらよいかわからないことや、Aが保釈されたとしても周りの目もあるため社宅では受け入れられないなど、先のことに多くの不安を持っていた。BはAへの配慮も多く考えていたが、Bと話し合い、まずはBとCのことを立て直すことを優先して考えていくことになった。

## 2. 以降の経過

### (1) 転居について

引越しの手続をしなければならなかった。実家への転居は望めず、幸い預貯金があるため、他市で賃貸住宅を探すことになった。転居する地域も悩んでいたが、Bの実家の近くを選んだ。

転居までに必要な時間や事柄について整理できた。月々の家賃などの経済的な見通しや諸経費などの目安ができた。引越し業者

の見積もりの段取りができた。

## ⑵ 学校への対応

　Bは、事件が報道されたこともあり、学校で噂になっているだろうと不安を話していた。近隣に住む子どもたちが通っており、もしかしたら被害者がいるかもしれないとも懸念していた。Bは、過剰に不安になっている部分もあるが、事件を他者に話すことに強い抵抗を感じている様子で、学校に電話をすることを躊躇していた。

　Bから学校に電話で連絡をして、校長と教頭にのみ相談をすることにした。相談する内容や事件の内容もあらかじめ整理しておいた。転校することになるが、転校先に事件のことを知られないか不安であり、配慮を求めることになった。

　初回相談の次の日、Bが学校に電話をした。事件について話すことには抵抗があったが、何とか電話をすることができたとのことであった。学校は事件のことを知っていた。Bが学校に行きにくいことを伝え、家庭訪問を願い出たところ、教頭が来ることになった。

　Cは教頭に会うと楽しそうにしていたとのことであった。教頭は学校として、転校の理由を転校先に何と伝えるか、配慮するとのことであった。Cに関して、生活が落ちつくまで、児童養護施設入所や、一時保護など検討できないか、学校から児童相談所に相談してみることになった。

　Bは、自分は加害者の妻であり、責められるのではないかと思っていたことや、加害者側の者が助けを求めてもよいものかと悩んでいたとも話していた。学校の職員は親身になってくれて、実際は違ったと感じたと話していた。Bは、他者に事件について話すことに非常に強い抵抗があり、学校への対応ができていなかったが、事前に経緯の説明の仕方や質問などを整理することができていたため、学校とのやりとりは円滑であった。学校から提案され

第2章　加害者家族である親子の支援　33

た内容についても、電話相談で検討するなど、選択を迫られる際にも随時相談をすることができた。

### ⑶ 刑事事件について

Bは、刑事訴訟の手続について知識がなく、おおよその流れを伝えたところ、多くの質問が出てきた。Bは、弁護人に多くの質問をしたいが、具体的に何を尋ねたらよいかわからなかったと話していた。また、弁護士事務所に気軽に電話などしてよいものかもわからず躊躇していた。事件発覚後、弁護人と初めて連絡がついた日から数日間は、Bから弁護人に一日に何度も電話をしたとのことであった。慌ててしまい、不安も相まって行動的になり、何度も電話をして迷惑をかけてしまったとのことであった。推測ではあるが、Bがとりとめなく電話をしてしまったことで弁護人に負担がかかっており、弁護人も連絡を控えようとしているのではないかと考えられた。そのため電話相談で、弁護人に尋ねるべきことを事前に相談し、質問をまとめ、メールでのやり取りができないかと電話をかけて提案してみることになった。

### ⑷ 両親との関係

実母に子どもを預かってもらうという選択肢も考えていたが、実父との関係が悪化してしまい、頼みにくい状態にあった。実母にBから提案することはできた。実母も協力したいと話していた。

実母も電話相談を希望しているとのことで、Bから実母に当センターの電話番号を伝えてもらった。実母から電話があったが、慌てている様子で、何をしたらよいかわからないのはBと同様であった。実母とは、BとCの健康に配慮することを話し合った。また多くの手続が必要になるが、転居に関する事柄などを説明すると、できる限り協力すると言ってもらえた。父親を何と説得するか、また相談させてほしいとの申出もあった。

34　第1部　加害者家族の子どもたちへの支援と現状

## 3. 支援した結果

　刑事訴訟の手続などを説明し、今後の見通しを立てることができた。だれにも相談できずに孤立していたBの不安の軽減になったとも考えられた。他者に対して事件について話すことに非常に強い抵抗があったが、学校や弁護士と円滑に連絡が取れるようになった。転居に関して、必要な時間と費用などの目安がついた。学校や実母の協力を得ることができた。

　生活が落ちついた後にすべき事柄が整理できた。B自身が精神的に限界を感じており、優先的な事柄を終わらせてから通院する意思は確認でき、Bの母親があらかじめ、BとCが通える病院を探しておくと協力が得られた。Aの性加害について専門的な知識を伝えることで、Aに通院などを勧めることを考えるきっかけとなった。

　加害者家族は、事件を他者に話をすることに抵抗があるが、そのため孤立しがちである。本事例は危機介入としての加害者家族支援であり、周囲の養育者を支援することで、子どもの安全につながったものと考えられた。


# 事例②
## ──ピアカウンセリングと無料相談会による加害者の母親と兄弟への支援

　加害者家族からは、家族の非行や犯罪について独りで抱えてしまい他者に相談できづらい、という声が多い。ピアカウンセリングでは加害者家族が集まり安心して話すことができる。また、時間の経過とともに変化していく問題についてもその場で相談することもできる。別室で相談会も行っているが、子どもの様子を見てほしいという申出もある。

第2章　加害者家族である親子の支援　35

次に挙げる事例は、長男が事件を起こしたことで母親が当セン
ターのホームページを見て電話相談があり、その後母親が定期的
にピアカウンセリングに参加していた際に、次男のカウンセリン
グを行った事例である。なお以下は、相談者である母と次男の述
べた内容の要約であり、個人が特定されないように適宜加筆して
ある。

## 1. 母親からの聞き取りの概要について

　母親D、長男E（17歳）、次男F（14歳）の母子家庭。父親はFが生
まれて間もなく病死した。Eが駅のトイレに盗撮目的で侵入した
ところを通報された。事件後、Fの様子が以前と変わり心配になっ
たため、Dがピアカウンセリングに参加する際に、Fと面談して
ほしいと申出があった。

　DはEとFの様子が変わったことを気にかけていた。事件が起
こるまではEとFは一緒によく遊んでいた。しかし、事件が起こっ
てからは、EとFは互いに、距離を取るようになった。いつもで
あればFからEに話しかけたり遊びに誘ったりすることが多かっ
たが、Eに話しかけることが少なくなった。先日、FがDに対し
て「お兄ちゃんのことばかり気にして！」と怒るという出来事が
あった。Dは、Eと家庭では事件について話さないように決めて
おり、Fには伝えていなかった。しかし、どこかから事件の内容
を知ったのかもしれない。

## 2. ピアカウンセリングにおける母親Dの様子

　最初はほかの家族が話すことに耳を傾けており、「今日は皆さん
の話を聞いて、自分にとって何か役に立つことがあればと思って
来ました」と前置きしたが、自身のことは話さなかった。ほかの
家族がそれぞれの心境を話している様子を見て、徐々に自身の家
族と事件について話し始めた。

36　第1部　加害者家族の子どもたちへの支援と現状

Dは、事件が起こるまでは兄弟は仲良く健康に育ち、父親がいないなかで、自分自身も頑張って育ててきたと話した。しかし、事件があってからEに対して、些細なことが気になって腹が立つことが増え、再犯しないかという不安がずっとある。Eを信じたいが、完全には信じられないとのことであった。

　Fに事件を伝えることで、さらに兄弟の仲が悪くなってしまい、FがEを軽蔑するのではないか、と考えてしまい、Fに対しては、事件を伝える気持ちになれない。今後どのように子ども達と関わったらよいのか悩んでいると話された。

　ピアカウンセリングでは、参加している他の家族も子どもが事件を起こしてしまい、不安や関わり方の難しさについて話しているのを聞いているうちに、少し話してみたいと思ったとのことであった。また、ほかの加害者家族が、事件について家庭内では隠すことなく打ち明けていると話しているのを聞いて、今すぐはできないが一つの方法だと思った、と話していた。

　また、数回のピアカウンセリング後に、支援者と継続面談をしていた際には、「今まで、少し頑張りすぎていたのかもしれない」と子育てと仕事に追われていた自身の心境を語り、父親が不在のなかで、仕事と子育てを両立してきたプライドとその反面、子どもに対して厳しくしてしまっていたこと、祖母や祖父など、ほかの人に頼ることを避けていたことを話していた。今後も継続的にFへの事件の伝え方と、兄弟への関わり方を考えて行くことになった。

## 3．次男Fとの面談の要約と様子

　Eは勉強や運動がよくできて、自分にとって尊敬する存在だった。しかし、ある日から急に避けられるようになった。その後、学校の同級生から「お前の兄貴、警察に連れていかれたんだってな」と聞かされて、初めて事件を知ることになった。ショックを受け

たし恥ずかしかった。なんで事件を起こしたか気になるが、Dにも Eにも聞けない。

　最初は、Eがなぜそんなことをしたのかと、Eに対して感情的になっていたと思う。事件があってから、DとEが別人になったように感じる。時間が経って、事件のことよりも、その方が気になっている。また、事件のことは自分には関係がないし、巻き込まずに勝手にやっておいてほしいと思ったりする。なんで自分がこんなに恥ずかしい目に合うのかと思い、涙が出てくることもある。どうでもいいや、と思う気持ちありつつも、悲しい気持ちもある。学校では、自分からは事件のことを話さないようにしているし、以前に同級生に事件のことを言われてからはとくに何も言われていないとのことであった。

　Eについては、尊敬する気持ちとその反面、本当のことを話してもらえないことに対して不満を感じている様子であった。また、Dに対しては、大変なのだろうと気遣う様子も見られるが、何よりも家族の関係性に距離ができてしまったことを気にしている様子であった。「はじめて人に打ち明けることができて、すっきりした。これからも、自分の気持ちの整理がしたい」と話していた。

## 4. 見立てと支援の結果

　Dは、事件が発覚してから時間が経過しており、精神的に落ちつきを取り戻しつつあった。事件をきっかけとして、自身の子育ての仕方に責任を感じ向き合おうとしていた。また、子どもたちへの思いや、EとFの関係に悩んでいた。

　Fは、事件後のDとEの様子を見ており、何かが起きたことは気づいていた。学校で同級生から初めて事件について聞かされて事件のことを知ったが、DやEの様子から質問を切り出すことができていなかった。カウンセリングの場で初めて言葉にできたことで、孤立感は低減されたのではないかと思われた。

家庭内の人間関係は、事件をきっかけとして、三者それぞれに考えや思いが生まれ、食い違いが起きていると考えられた。さらに、FとしてはDとEへの気遣いから、事件について話すきっかけが得られなかったように思われた。DがFに対して、事件の概要を話していないことで、Fから見れば、DとEから距離を置かれているように感じられ、Fには、家族のなかで孤立してしまったように感じたものと思われた。その関係性の変化によって、DとEが別人になったように感じたものと推察された。

　Dは、Fに対して事件の内容を説明することを具体的に考え始めた。Fは、DとEの心情を理解できたように見受けられた。またFは、Dから事件のことを聞く心構えもでき、Eを責めるつもりもなく、関係も改善したい、と話すにいたった。その後も、Dはピアカウンセリングの参加を継続していくことになった。


# おわりに

　スキマサポートセンターの電話相談、ピアカウンセリング、個別相談という異なった支援体制によって、事件内容によって加害者家族が陥るそれぞれの状況に対応していることを、概観した。犯罪加害では、その刑事手続の経過によって加害者家族が抱える問題は変化していく。急激な生活の変化が落ちついてくると、精神的な事柄や人間関係、再犯への不安に変化していくことが多いように見受けられる。逮捕直後は、法と福祉の専門性がとくに求められるが、その後は心理の専門性が求められる。家族構成にもよるが加害者家族を支援するには、多方向の専門性と場合によっては複数の支援者が必要となることもある。不安や選択、また複雑な人間関係など、加害者家族の問題は解決するには時間がかかることも多い。

加害者家族の生活環境や精神状態の立て直しを支援するということは、子どもにとっても非常に重要である。しかし、加害者家族は、助けを求めにくい状況になることが多く、子どもの存在と変化は見過ごされがちある。加害者の家族である子どもの存在に、まずは気づくことを支援者、関係者に求めたい。

# 第3章
# アメリカと諸外国における被収容者を親にもつ子どもの支援

北茉莉（イースタン・イリノイ大学）

## はじめに

　アメリカでは、2003年以降薬物事犯などの犯罪への厳罰化の影響で 被収容者の数が急増しており、このことが大きな社会問題として取りざたされている。現在では全米の刑事施設に約230万人が収容されており[1]、これは日本の約5.6万人という数に比べて格段に多いうえに[2]、世界の先進国と比較しても突出した数字である。このことから想像できるように、アメリカでは18歳未満の子どものうち約150万人が被収容者を親に持っていると言われ、子どもに与える短期的・長期的影響が懸念されている[3]。

　アメリカでの刑事施設大量収容問題を論じるにあたって、人種の問題を避けて通ることは不可能である。実際、アメリカ全体で14％にも満たない社会的少数派であるアフリカ系アメリカ人の数

---

1　Wagner, Peter and Wendy Sawyer. 2018. "Mass Incarceration: The Whole Pie 2018." *Prison Policy Initiative*. Retrieved January 13, 2019 (https://www.prisonpolicy.org/reports/pie2018.html).
2　法務省「刑事施設の収容人員」犯罪白書（2017年）。Retrieved January 13, 2019 (http://hakusyo1.moj.go.jp/jp/64/nfm/n64_2_2_4_1_1.html).
3　La Vigne, Nancy G., Elizabeth Davies, and Diana Brazzell. 2008. *Broken Bonds: Understanding and Addressing the Needs of Children with Incarcerated Parents*. Urban Institute Justice Policy Center.

は刑事施設では34％を占めており、逮捕、起訴、判決などの刑事プロセスにおいて人種差別の影響が色濃くあることを示唆している[4]。また、犯罪率だけ見れば白人と黒人でそれほどの差がないという統計的事実を鑑みても、黒人差別がアメリカの刑事司法システムにもたらす影響は歴然たる事実であり、研究者の間では、白人が大半を占める司法機関によって黒人が監視され、逮捕され、刑務所に入れられる現象を、現代の奴隷制だとする声も上がっている[6][7]。このような社会的背景からわかることは、アメリカにおける被収容者を親にもつ子どもの大半がアフリカ系アメリカ人であり、この問題は人種差別から派生する貧困や教育の欠如、暴力の連鎖、家庭における父親の不在などと根を一緒にするという事実である。そして、そういった人種的・政治的背景を踏まえたうえでのみ、子どもたちに対する深い理解と効果的な支援が生まれると考えられる。

　被収容者の子どもたちに関する研究は、アメリカの犯罪学においても比較的新しい研究分野である。そのため、まず親の収容が子どもにとって悪影響を及ぼすものであるという前提を疑うところから始まっている。里子制度などがよい例であるように、子どもに何らかの悪影響を与える親を一時的に子どもから引き離すことが子どもの育成に有益であると考えられるからである。しかし、近年の最も体系的な研究によれば、性犯罪など比較的重い罪を犯した親と離れて暮らすことが子どもにとって感情的には有益な場

---

**4**　National Association for the Advancement of Colored People. 2019. "Criminal Justice Fact Sheet." Retrieved (https://www.naacp.org/criminal-justice-fact-sheet/).

**5**　US Census Bureau. 2018. "Quick Facts: UNITED STATES." *Census*. Retrieved January 13, 2019 (https://www.census.gov/quickfacts/fact/table/US/PST045218#).

**6**　Alexander, Michelle. 2012. *The New Jim Crow: Mass Incarceration in the Age of Colorblindness*. New York: The New Press.

**7**　Wacquant, Loïc. 2001. "Deadly Symbiosis: When Ghetto and Prison Meet and Mesh." Pp. 82–120 in *Mass Imprisonment: Social Causes and Consequences*, edited by D. Garland. London, UK: Sage Publication Ltd.

合はあっても、ほかの面で経済的に不自由を経験したり、社会的不利益を被ったりしていることが多いことが判明した。[8] さらに、ほかの研究では子どもが親の長期的な不在によって経験する不透明で曖昧な喪失やトラウマ、刑務所での面会におけるパラドックス（服役中の親に面会する際の相反した気持ち）などが指摘され、いかに被収容者を親に持つ子どもの体験が複雑で、多岐にわたるかが示唆されている。[9] よって、今現在の米国での子ども支援で最も強調されることは「被収容者家族の多様性」である。たとえば、家族の犯した罪、もともとの親と子どもの関係性、両親の関係性、人種、階級、年齢や成長度合いなど、さまざまな要因によって子どもが服役中の親との関係持続を望むかどうかは変わってくる。これが、全国の刑務所に受刑者家族のための面会センターを作り、「家族」の再会と再結合を最終的なゴールであり、子どもの権利と考えるヨーロッパ型の子ども支援と大きく違うところであると言えるかもしれない。約半数のカップルが離婚を経験するアメリカにおいては、結果的に家族がまた一つ屋根の下で暮らし始めるかどうかはさほど重要ではなく、また、家族の抱える思いも時を経て常に変化していることから、一つひとつの家族、とくに子どもの未来のためのニーズを正しく見極め、それを供給していくことが現在のアメリカの支援の場では理想的だと考えられている。

　上記のように、近年ではアメリカのみならず諸外国で収容によって親を奪われた子どもたちの支援が盛んになっているが、各国の社会的・文化的・政治的背景からくる違いを鑑みたうえで、以下では、毎年アメリカのテキサス州ダラスで行われる国際被収容者家族学会で報告を行った団体を例に、各国の子ども支援の具体的

---

8　Wakefield, Sara and Christopher Wildeman. 2016. *Children of the Prison Boom: Mass Incarceration and the Future of American Inequality*. New York: Oxford University Press.

9　Arditti, Joyce A. 2012. *Parental Incarceration and the Family: Psychological and Social Effects of Imprisonment on Children, Parents, and Caregivers*. New York: New York University Press.

取組みを紹介する。

# 支援団体(アメリカ)

## 1. Children of Incarcerated Parents Partnership[10]

　メリーランド州フレデリック郡を拠点とする、被収容者の親をもつ子どもの支援団体。「声を持たない子どもに声を与える」をモットーに、子どものみならずその世話をする保護者(多くの場合母親)をサポートする活動を行っている。たとえば、被収容者を親にもつ子どものためのサマーキャンプ、家族が刑事施設に入ったときに役立つ資料やアイディア集の配布、母親のためのスパ・デー、刑務所内での子どものための図書室の設置、絵本の執筆など、親の収容という現実のなかで子どもが子どもらしく生活できるようにするサポートを行っている。そのほかにも、サポートグループの設立、シンポジウムの開催、DVDの作成など地域社会への働きかけも盛んに行っている。

## 2. Girl Scouts Beyond Bars[11]

　全米のガールスカウトによって提供される、主に被収容者である母親や祖母を持つ女の子を支援するプログラム。　内容は州ごとのガールスカウト組織によって異なるが、親の収容が子どもに与える悪影響をできるだけ少なくし、家族間で起こりやすい犯罪の連鎖を断ち切るというのが大きな目的である。リーダーシップ能力を養ったり、正しい決断力を身につける通常のガールスカウトとしての経験に加え、母親や祖母との絆を強めたり、同じような

---

10　Retrieved January 13, 2019 (https://www.coipp.org/).
11　Retrieved January 13, 2019 (https://www.girlscouts.org).

境遇の少女達と話し合い安らぎを得られる場所を提供する。集団面会、カウンセリング、メンター制度のほか、母子遠足、母親や祖母が服役中の刑務所へ行って宿泊するなど、さまざまな行事やアクティビティが行われている。また、州によっては男の子と母親の絆を強化するためのプログラムも設立されている。

## 3. The Center for Community Transitions[12]

　ノースキャロライナ州シャーロットを拠点に、犯罪歴を持つ人たちの社会復帰を支援する団体。この中の"Families Doing Time"というプログラムは、刑務所で服役中の親を持つ子どもとその保護者へのサポートに特化している。子どもの一人ひとりにメンターをつけて健全な成長を促したり、プロの写真家に個人のポートレートを撮影してもらうピクチャー・デー、年ごろの子どもたちがおしゃれをする時間を楽しむメイクアップ・ナイト、クイズ大会、お誕生日会、そして毎週火曜日の地元の警察官も参加しての受刑者家族を集めた食事会などを通して、それまで受刑者を親に持つ子どもたちに加え、当事者である大人自身もがそれまで経験することができなかった家族の団欒の機会を提供している。さらに、子ども達の保護者（主に母親など）に対しては、「一つとして同じ家族はいない」という考えのもと、カウセリングを通して家族の長所を認識させたり、親子間のコミュニケーションを促進している。

---

12　Retrieved January 13, 2019 (http://www.centerforcommunitytransitions.org).

# 支援団体（アメリカ以外）

## 1. Families Outside [13]

　スコットランドにある被収容者の家族と子どものための支援団体。主なサポート内容は大きく分けて電話もしくはEメールによる相談と、スタッフによる個別支援の二つがある。2016年にこの団体によってスコットランド全土の刑務所に整備された面会センター（Visiting Center）は、刑務所にいる家族に面会に来た人のためにサポートと安らぎを与えるための施設である。センターではスタッフが常駐し、家族の質問等に答えたりさまざまな資料を配布しているほか、軽食や子どものためのおもちゃ、絵本、遊ぶためのスペースが提供され、家族の不安を少しでも取り除くさまざまな工夫がなされている。

## 2. The International Coalition for Children with Incarcerated Parents (INCCIP) [14]

　カナダに拠点を置く、被収容者を親に持つ子どものための支援者国際連盟。支援団体のみならず、子ども達自身やその保護者にもさまざまな情報・資料を提供しているほか、毎年シンポジウムや学会を世界各地で行っている。世界各国に散らばる一つひとつの団体が持つノウハウやメッセージを共有し、国際的に発信していくことで、子ども達の現状がさらに深く理解され、支援の輪が広がることを目標として掲げている。

---

13　Retrieved January 13, 2019 (https://www.familiesoutside.org.uk/).
14　Retrieved January 13, 2019 (http://inccip.org).

## 3．Pillars[15]

　ニュージーランドに拠点を置き、30年の歴史を持つ被収容者の子どもたちを支援する団体。主な支援方法は電話相談、メンター制度、子どものためのヘルスクリニック、ソーシャルワーカーによる家族のためのサポート制度、家族同士の分かち合いの場であるサポートグループなど。ニュージーランドでは、先住民族のマオリ族が貧困や人種差別などの理由で刑務所に多く収監されていることから、そういった子ども達の文化的背景を十分に考慮した支援も手厚く行っている。また、関係者や専門家（学校の教員やソーシャルワーカーなど）のトレーニングも大事な支援活動のうちの一つである。

## 4．Wells of Hope[16]

　ウガンダにあるキリスト教系の非営利団体。被収容者の子どもの中でも、HIVに感染しながら刑に服役する親を持つ子どもや、死刑囚の子どもなどの支援を積極的に行っている。具体的な支援内容は多岐におよび、被収容者の子どもを対象とした中学校の設立・運営、子どもの精神的、身体的サポートといったものから、キリスト教信仰を伝えることによって子どもの親である受刑者の更生を促す刑務所伝道、子どもの保護者が農業や工芸、小さなビジネスの設立・経営などを通して経済的に自立して生計を立てられるよう手助けをする間接的なサポートまで、多角的な支援を行っている。

---

15　Retrieved January 13, 2019 (http://www.pillars.org.nz/).
16　Retrieved January 13, 2019 (https://wellsofhope.org/).

# 本・教材

## 1. ザ・プリズン・アルファベット[17]

　アメリカの被収容者家族の研究者でもある著者による塗り絵本。逮捕（Arrest）、警察（Police）、被収容者（Inmates）など、親が刑事施設に入ったときに、子どもたちがよく耳にするであろう英単語をイラストとともに1頁ごとにわかりやすく説明している。アルファベットを学ぶという教育的側面はもちろん、子どもがこういった用語を学ぶことで、親やほかの年長者の会話から取り残され疎外感を感じたり、また、親の逮捕や刑務所での拘禁についてきちんとした説明がないまま間違った理解（「自分が悪い子だったから父親が刑務所に入った」等）を深めることがないように配慮して作られている。また、保護者などと一緒に子どもが塗り絵をすることにより、普段会話することが難しい司法に関する話題を自然に語り合う環境を作り出すことができる。

## 2. ピース・ピープル[18]

　メディエーションの専門家と、長期服役中の受刑者によって書かれた絵本。子ども達に平和の大切さと、日々の生活の中に安らぎを作り出すことの大切さを説き、家庭内での虐待や、学校でのいじめなどをうまく回避するための学校や家での対話の方法を教える。

---

**17** Dr. Bahiyyah Muhammad, Muntaquim Muhammad, *The Prison Alphabet: An Educational Coloring Book for Children of Incarcerated Parents* (Goldest Karat Publishing, 2014).
**18** Robyn Short, Nanon Williams, *Peace People* (Goodmedia Press, 2013).

## 3. リトルキッズ・ビッグチャレンジズ[19]

　受刑者を親にもつ子どもの支援のためのプログラムの一環として作られた教材である。プログラムのページにアクセスすると、マペットたちが実際に自分の父親が刑務所に収容されたときの経験について話す動画や、プリントアウト可能な絵本、自分の感情を絵にして表すエクササイズなどのさまざまな教材や資料を閲覧・ダウンロードすることができる。また、支援者や親自身のためへのアドバイスなども充実しており、たとえば、子どもが常に安心して生活できるよう家族の写真やハート形の切り抜きなどを持たせるなど具体的なヒントも豊富に掲載されている。サイト上のアプリをインストールすると、スマートフォンを使って動画を視聴したり絵本を読んだりすることもできる。


# おわりに

　近年、逮捕や勾留、さらに拘禁を経験した親を持つ子どもの支援は世界各地で広まりを見せている。ヨーロッパでは、子どもの権利という視点からの支援が一般的であり、アメリカでは人種差別や貧困という現実を踏まえた子ども支援が欠かせない。よって、日本でも自国の文化的・政治的背景にのっとったかたちの支援が行われることが理想と考えられる。中でも、世界と比べ格段に低い犯罪率と、そういった社会で身内が罪を犯してしまったことからくる日本の被収容者・加害者家族独特の経験を踏まえた、柔軟な支援が期待される。

---

**19** Retrieved January 13, 2019 (https://www.sesamestreet.org/toolkits/incarceration).

第4章
# 韓国における被収容者の子どもたちの支援——児童福祉実践会セウムの取組みから

**李京林**（児童福祉実践会セウム常任代表）

## はじめに

　子どもの権利条約（Convention on the Rights of Children: CRC）は、すべての子どもが差別されない権利である無差別の原則（1条）、子どもの最善の利益の原則（3条）、父母と分離された子どもは父母と定期的に直接の接触を維持する権利（9条）があることを明示している。また、子どもの権利条約の一般原則として、すべての子どもには父母の状況（犯罪を含む）に関係なく、一人の人間として健全に成長するための生存、保護、発達、参加の権利がある（2条、6条）としている。

　児童福祉実践会セウム[1]（以下、セウム）は、刑務所・拘置所に収容されている者（以下、被収容者）の子どもも、児童として当然享受すべき権利があるということを基本理念として被収容者の子どものケアと家族の支援のために2015年に設立された社団法人である。これまで韓国の児童福祉分野ではあまり扱われていなかった分野・対象であり、この4年間でさまざまな試みを行っている最中である。被収容者の子どもや家族に会い、ニーズを把握し、社会のな

---

1　［http://www.iseum.or.kr/main.php］（2019年2月27日アクセス）。

50　第1部　加害者家族の子どもたちへの支援と現状

かに埋もれ、忘れられている第二の被害者である被収容者の子どもたちが堂々と力強く生きていけるよう、アドボカシー活動を行っている。

　本稿では韓国の被収容者の子どもの現況とセウムの実践事例を紹介する。活動期間が非常に短いため、セウムの経験を一般化するには限界があるが、これまでの実証的経験をもとに韓国の被収容者の子どものケアと人権のための今後の課題をいくつか挙げてみたい。


# 韓国における被収容者の子どもの状況

## 1.　一般的な状況

　韓国には53カ所の刑務所・拘置所があり、刑務所の平均収容人員は約53,000人（2017年8月）である。2017年、韓国国家人権委員会が実施する被収容者の子どもの人権実態調査において、セウムが研究を担当することになった。セウムは、法務省矯正本部社会復帰課の協力を得て、初めて全国53カ所の刑務所・拘置所に収容されている約53,000人を対象に家族の状況や未成年の子どもの人数を調査した。この調査によると、約53,000人の被収容者のうち未成年の子どもがいる者の比率は25.4%であった。未成年の子どもの数は一人の被収容者が平均で1.52人、韓国における被収容者の子どもの数は年間で約54,000人であることがわかった。親である被収容者の性別は、男性が90.4%、女性が9.6%、収容期間は、1年未満が53.1%、5年未満が40.7%、5年以上が6.2%であった。[2]

---

2　韓国国家人権委員会「2017年被収容者の子どもの人権状況実態調査」（2017年）。

## 2．被収容者の子どもの養育環境と養育者のニーズ[3]

「2017年被収容者の子どもの人権状況実態調査」によると、被収容者の子どもを養育している74.2%は、被収容者の配偶者である父親か母親のどちらかであった。被収容者の90.4%が子どもの父親であるため、子どもは母親と暮らしていることが多いと推定できる。残りの16%は被収容者の親である祖父母と暮らしており、子どもたちだけで暮らしているケースが2.4%、施設で養育されているケースが2.1%、親戚が養育しているケースが1.8%、被収容者の友人が養育しているケースが1.5%、子どもたちがどのようにすごしているか不明というケースが1.5%となっており、養育者の変化と家族が崩壊しているケースもみられた。

図表1　被収容者の子どもの養育状況

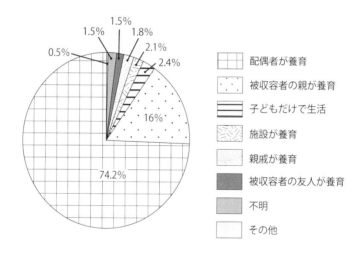

＊　「2017年被収容者の子どもの人権状況実態調査」

---

3　チェ・キョンオク「被収容者の子どもの養育ガイドブックの開発と活用方法」日・韓 被収容者の子どもの養育支援事例経験セミナー（2018年）37頁。

養育者に対する調査によると、被収容者の子どもの支援状況は、以下の通りである。
　国から「何の支援も受けていない」という回答が76%で最も多く、支援を受けているという回答では「国民基礎生活保障制度[4]」が12%、「緊急福祉支援[5]」「ひとり親家庭支援[6]」がともに５％、その他が２％という順であった。韓国の世帯における国民基礎生活保障の平均受給率が2.3%であるのに対して５倍も多く、被収容者の子どもの家庭が深刻な貧困状態にあることが推測できる。収容後に残された家族の多くが経済的困難に直面しているものと予想される。

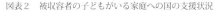
図表２　被収容者の子どもがいる家庭への国の支援状況

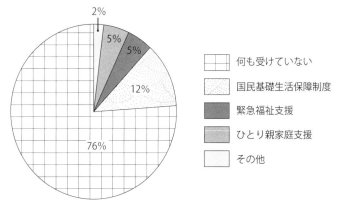

＊「2017年被収容者の子どもの人権状況実態調査」

　また、子どもの養育者は収容された親の役割を代わりに担うこ

---

4　国民基礎生活保障制度：韓国の代表的な公的扶助であり、貧困家庭が最低限度の生活を維持できるようにする制度。
5　緊急福祉支援：国民基礎生活保障制度の一種。突然の危機的状況によって生計維持が困難な低所得層に生計・医療・住居支援といった必要な福祉サービスを迅速にサポートして危機的状況から抜け出すことができるよう支援する制度。
6　ひとり親家庭支援：韓国のひとり親家族支援法によって、離婚・死別などひとり親になった家庭を支援する制度。

第４章　韓国における被収容者の子どもたちの支援　53

とについて、84.5%が大変だと回答している。親の役割は、生計の維持から子どもの養育まで多岐にわたることから、総じて負担が大きいと答えていると推測される。また、養育者の71.3%が、子どもの教育問題や悩みを相談する人がいないと答えた。

そのほか、収容された家族を支援することに関しては70.2%が負担を感じていることがわかった。残された家族は裁判への協力、面会、領置金の工面などをするなかで、子どもの養育とともに収容された家族の世話をすることに疲れ切っている。

セウムが過去3年間に支援した家族のニーズを調べた結果、経済的支援に関するニーズが最も高かった。そのほかには、子どもの教育、進路相談、専門的な心理治療、面会支援を求めていることがわかった。子どもの進路開発のための教育費に関する負担が多いことから、子どもの養育に対する養育者のニーズが非常に高いことがわかった。

## 3．被収容者の子どもの特性と欲求（ニーズ）[7]

「2017年被収容者の子どもの人権状況実態調査」における養育者の調査に関する部分によると、養育者は、被収容者の子どもに見られる問題行動のうち心理・情緒的不適応、学校不適応、非行行動のなかで、心理・情緒的不適応の問題行動を最も心配しており、次に学校不適応、非行行動の順で続くことがわかった。

心理・情緒的不安定では「何事にも意欲がなく、落ち込んでいる」「人と話をしないようにする」、学校不適応では「勉強に関心がなく、成績が低い」、非行行動では、「不良の友人とつきあって喧嘩をする」「家出をする」「学校で懲戒処分を受ける」という行動特性があらわれていた。こうした行動の原因が親の収容によるものであるかを

---

7　前掲註1論文35頁。

分析・確認することは難しいが、養育者が認識している被収容者の子どもの問題行動とみることができる。

また、被収容者の子どもの5.4％が、親が逮捕される様子を「目撃した」と答えており、ショックや不安を解消できないまま苦しんでいることが予想される。親の収容に関する子どもの認識については収容の事実を「知らない」という回答が64.6％で、知っている子どもは33.2％にとどまった。子どもが受ける衝撃のために親が収容されている事実を伝えることが正しいのかどうかという議論は常に争点となる。

2017年、被収容者の子ども17名に対して、親の収容後の生活の変化、日常生活の難しさ、家族関係の変化、収容されている親の面会経験、危機克服の経験などについての深層面接を[8]行った。「家族が親の収容事実を話してくれず、秘密にしている間、とても不安だった」と子どもたちは答えていた。たとえば、「親が事故に遭ってどうにかなってしまったのではないか」「自分を捨てて連絡を絶ってしまったのではないか」と一人で心配していたが、親が刑務所にいるという事実を確認してからはむしろ親が安全な場所にいて、また会えるということに安心して日常生活に戻ることができたという。

調査では、収容された親に面会した子どもは37.2％だけであることがわかった。大多数の子どもが、収容された親に会えていないということがわかる。一部の親たちは、子どもが収容された親に会い、さらにショックを受けたり、羞恥心を感じたりするので

---

8　深層面接：現象学的研究の資料収集方法で、被収容者家族が自身の経験を言葉で話せるようにする。深層面接においては、聞き漏らしを防ぐために被収容者家族の許可を得たうえで録音し、文字起こしを行う。面談回数は1人あたり2〜3回、時間は1回あたり平均1時間から1時間半ほどで、場所は被面接者の自宅や独立したスペースで実施する。収容事件という視点を基準とし、「家族の収容過程においてどのような心境であったか」「収容後に最も大変だったことは何か」「収容の前後でどのような変化があったか」といった内容のインタビューを行った。

はないかと親との面会を勧めなかったり、心配したりしている。
「2017年被収容者の子どもの人権状況実態調査」によると、子ども
は学校を欠席するなどして数時間かけて親との面会に行くことも
あり、親との対面に関して、恋しさや嬉しさ、名残惜しさについ
ても書かれていた。そこで、セウムは親の収容事実を知っている
子どもの場合、親との継続的な対面による健全な家族関係が子ど
もの成長にプラスとなる重要な役割を果たしていると考えている。
　また、子どもたちは養育者が変わった場合、新しい養育環境に
適応できず、養育者との間で葛藤が生じることもあり、チック障
害の症状があらわれるなど、自身の不安な心理状態をネガティブ
に投影することもあった。健康な保護者がいない場合や残された
親が子どもをしっかりと育てられない場合、アルバイトをして学
費を用意するなど、本来であれば養育されるべき子どもが、みず
からの責任のもと生活を送っているケースもあった。


## セウムの紹介

　セウムは、被収容者の子どもが子どもの人権の観点から堂々と
生きていくために、以下のことを実践している。

1　被収容者の子どもの健全な成長の支援
2　被収容者の子どもと家族の人権擁護
3　被収容者の子どもと家族のための社会的支援体制の構築
4　実証的調査研究による被収容者の子ども支援のビジョンを
　　もった社会福祉実践(**図表3**参照)

　詳しい内容は以下の通りである。

56　第1部　加害者家族の子どもたちへの支援と現状

図表3　子ども支援のビジョン

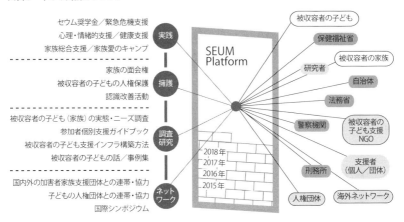

## 1．健全な成長

　被収容者の子どもたちの健全な成長のために、さまざまな支援を行っている。まず、子どもたちに必要なおこづかいを毎月給付している（未就学児に5万ウォン、中高生に7万ウォンずつ給付している）。これは親が出所した後も半年間続けている。また、危機支援として親の収容により緊急な状況、危機的状況にある家庭に医療費、法律支援費、住居費などを支援している。個別相談支援では、養育者の相談と子どもの相談を受けており、なかでも、親の収容を知っているソウル近隣地域在住の青少年で、相談や社会福祉的な介入が必要な場合、社会福祉士が月2回程度、定期的な面会を行い相談支援をしている。とくに、「経済的理由」「交通の不便さ」「健康上の理由」「面会に同行する大人の不在」といった理由で親の面会が困難な子どもや家庭に面会支援を行い、家族関係の回復をサポートしている。その一環として、刑務所内で被収容者とその家族や子どもたちが一緒に行うワンデイキャンプである「家族愛のキャンプ」を行っている（**図表4**参照）。2017年には、セウムは刑務所と協力し、「家族愛のキャンプ」を5回実施した。

第4章　韓国における被収容者の子どもたちの支援　57

図表4 「家族愛のキャンプ」の様子（写真）

## 2．被収容者の子どもと家族の人権擁護活動

　被収容者の子どもに対する一般の人々の認識改善のために認識改善ポスターの公募展、ポスターの展示会、子どもの面接権を求める署名運動（「会いたいです!!」）、カリグラフィー公募展を通したアドボカシー活動を行っている。

図表5　受刑者の子どもと家族の権利擁護キャンペーンポスター

2016年　　　　　　　　　　　　2017年

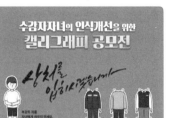

## 3．社会的支援体制の構築
### (1) 他団体との連携

　既存の矯正関連団体、子どもの人権団体、自治体の職員、被収容者の子どもに関心を持っている団体と月に1度ネットワークの集いを行い、被収容者の子どもに関する論文を読んだり、被収容者の子どもに関する制度を検討したり、被収容者の子どもの状況と情報を交換する機会を設けている。被収容者の子どもと家族をサポートする支援体制の拡大に向けて努力している。

　また、被収容者の子どもを支援している国外の団体との積極的な交流を行っている。とくに、日本の加害者家族支援団体であるWOHとは、2015年から毎年セミナーを開催している。2015年には日本と韓国における加害者家族の実態セミナー、2016年には日本と韓国のほかにアメリカも加えて、法律と福祉の両面から各国の事例を紹介するセミナーをソウルで行い、そして、2017年には日本で韓国の事例を発表した。2018年には、「日韓被収容者子育て支援ケース事例セミナー」をソウルで開催した。

## ⑵　民官協働ガバナンスネットワーク

　民官協働ガバナンスネットワーク[9]の構築事業を通して、被収容者の子どもと家族をサポートする支援体制の構築に努めている。

　実践事例として、セウムは2016年から民営刑務所である希望刑務所を月に一度訪問し、毎月新入被収容者に対して情操教育を行っている。情操教育の内容は、刑務所の外に残された家族や子どもについての話をすることで、情操教育を受けた新入被収容者が直接セウムに子どものことを依頼する手紙を送ってくることもあり、新入被収容者を通じて子どもたちと継続的につながっている。新規事例の発掘や収容期間の家族支援のみならず、出所準備および出所後の過程まで総合的な方法で支援しながら、民官協働ガバナンスモデルの構築事業を行っている。2017年には、こうした支援方法を公的な領域に拡大し、法務省の推薦によって驪州刑務所に「子どもにやさしい家族面会室」を設置した[→71頁]。

## 4．調査研究

　セウムの組織であるセウム研究所では、継続的な研究を通して、これまでにセウムが出会った子どもと家族を中心に彼らのニーズに合った実践的、政策的提案を行っている。これまでに被収容者家族の深層事例研究および現象学的研究[10]を行っており、今後被収容者の子どもに即した社会福祉実践方法で個別支援のガイドラインを作っていく計画で、被収容者の子どもの人権実態を調査している。

---

9　民官協働ガバナンスネットワーク：民と官がそれぞれの役割を分担して、より効率的な公共サービスの実現のために、政府（自治体）、民間企業、NPOなどが業務を分担する協働関係。
10　現象学的研究：現象学的研究とは現象の本質を直観的に捉えることに基づいた学問であり、生きている人間の経験に関する記述を通して研究対象者が経験した実態を総体的に明らかにし、さまざまな意味を導き出す研究方法である。理論や説明を目指すのではなく、現象による研究対象者の経験の意味を直観に基づいて探り出す質的研究方法である。

とくに2018年には被収容者の子どもの養育ガイドブックを作成した。ガイドブックの内容は計10個のテーマと問題で構成されている。[11] 1・2章は「価値と原則」「被収容者の子どもの権利」について、3・4章は「子どもの養育に必要な養育技術」、5・6・7章は「親の収容および家族の役割に関連する内容」、8章は「養育者自身のセルフケア」、9章は「さまざまな情報」、10章は「セウムに関する案内」となっている。

　　1章　　ガイドブックを読む前に必ず知っておくべき考え
　　2章　　被収容者の子どもの権利
　　3章　　親と別れた後、子どもに生じる変化
　　4章　　子どもの養育に役立つ知恵
　　5章　　親の収容について語り合う
　　6章　　親の収容に関連して子どもが知りたい話を伝える
　　7章　　子どもとの家族面会で準備すること
　　8章　　養育者として力をつける
　　9章　　知っておくと役立つ矯正情報と社会福祉制度
　　10章　　セウムの事業案内

　このガイドブックには被収容者の子どもの8つの権利を以下のようにまとめた。[12]

**　　養育者が覚えておくべき 被収容者の子どもの8つの権利**
　1　　親の犯罪が理由で社会的に非難や差別をされない権利
　2　　親の収容後も安定した家庭で健康な大人のもとで危機から

---

11　前掲註2書30頁。
12　児童福祉実践会セウム『被収容者の子どもの養育ガイドブック──明日のための勇気』（2018年）15頁。

第4章　韓国における被収容者の子どもたちの支援　　61

守られる権利

　3　親の収容後も身体的に健やかに成長し、ショックや危機的状
　　　況にあっても、感情的に守られて発達することができる権利

　4　親の収容後も継続的に教育を受け、良い友人関係を築き、発達
　　　期に適切な能力を備えることができるよう支援を受ける権利

　5　親の収容後、子どもにとって不利益にならない範囲で、自
　　　分に関する重要な情報や決定について知って参加する権利、
　　　収容された親の状況について尋ねて知る権利、親に会いた
　　　くない場合や助けたくない場合に拒否する権利

　6　収容された親に会いたいときにはいつでも会ったり連絡した
　　　りすることができ、面会に必要な時間と費用を提供される権利

　7　親の収容により、経済的、心理・社会的な困難にある場合は、
　　　問題解決のために、具体的な支援やケアを受けることがで
　　　きる権利

　8　親の収容により支援を受ける際に、情報が漏れたり、知られ
　　　たりすることがないよう情報が守られる権利

## 5．セウムの専門性

　セウムのスタッフは現在5人で、研究所にも1人勤務している。
スタッフの全員が、社会福祉士であり、短い人は4年、長い人で
は30年にわたり、現場で児童福祉関連の仕事をしてきた専門家に
よって構成されている。スタッフ全員が社会福祉士であることか
ら、社会福祉実践の方法論に基づいた実践をすることができるこ
とは強みである。他方で、そのほかの法律、矯正、専門カウンセ
リング等の専門分野まではカバーできていない。そこで、セウム
は児童福祉とは異なる領域の専門家との積極的な連携・協力に努
めている。法務行政、矯正関連、弁護士、人権の専門家、専門カ
ウンセラーの諮問を通じて被収容者の子どもの欲求（ニーズ）に合っ
た支援を実践している。

# セウムの実践事例

　セウムの実践事例の中から被収容者の子どものケアと人権の観点から行った事例を二つ紹介する。

## 1. 被収容者の子どもを養育している家庭の総合的個別支援事例 ——養育者支援を通した被収容者の子ども支援[13]

### (1)　家族の特性

　養育者Ａと養育者Ｂの家族はどちらも多子家庭で、子どもの父親または母親が経済関連の事件で収容され、経済的危機、社会的孤立、心理的不安定、家族関係の断絶など急激な変化を経験した。

　こうした変化のなかで子どもの養育者は、自身の仕事をしながら、一人で子どもの世話をし、また、事件の紛争処理を担わなけ

図表6　養育者Ａと養育者Ｂの状況

| 区分 | 性別／年齢 | 配偶者 | 家族類型 | 収容家族 | 経済状況 | 未成年者 | | | |
|---|---|---|---|---|---|---|---|---|---|
| | | | | | | 氏名 | 年齢 | 性別 | 備考 |
| 養育者Ａ | 女／60代 | 70代／脳梗塞および心臓疾患 | 祖孫家庭 | 娘 | 低所得（緊急生計支援） | 子1 | 12歳（小5） | 男 | セウム奨学生 |
| | | | | | | 子2 | 11歳（小4） | 男 | セウム奨学生 |
| | | | | | | 子3 | 9歳（小2） | 女 | 心のケア支援 |
| 養育者Ｂ | 女／40代 | 収監 | ひとり親家庭 | 夫 | 基礎生活受給選定 | 子1 | 15歳（中1） | 女 | セウム奨学生 |
| | | | | | | 子2 | 12歳（小5） | 男 | |
| | | | | | | 子3 | 6歳 | 女 | 医療（歯科）支援 |
| | | | | | | 子4 | 5歳 | 女 | 医療（歯科）支援 |

---

13　前掲註2書「被収容者の子どもを養育している家庭の総合的個別支援事例——養育者支援を通した被収容者の子ども支援」89-107頁。

ればならず、二重のストレスと苦しみを味わっている。

(2) 総合的個別支援[14]

セウムは、被収容者の子どもを育てる家族の危機とニーズを把握し、事例会議を通して具体的な介入目標を立て、支援方法を決定する。養育者との深い関係形成や継続的な意思疎通はよりスピーディーに家族の危機やニーズを把握し、介入できる可能性を高める。複合的な困難や危機にある養育者を支援し、子どもたちが健全に成長できるような安定した養育環境をつくるうえでより効果的である。

以下は、AとBの家族の危機とニーズに応じた介入目標と支援の現状である。

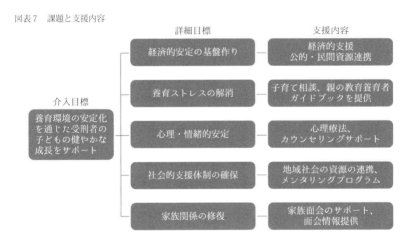

図表7　課題と支援内容

---

14　総合的個別支援：個別の家族と子どものニーズに合った経済的、相談、心理、面接などの支援。

64　第1部　加害者家族の子どもたちへの支援と現状

## ⑶ 介入目標

### ——養育環境の安定化による被収容者の子どもの健全な成長支援

　ＡとＢの家族を支援するうえで、養育者との信頼関係形成と支援を通した子どもたちの養育環境の安定化を介入目標とし、それに応じた詳細目標および支援内容を決定した。

図表8　養育者Ａと養育者Ｂに対する支援内容

| 詳細目標 | 支援内容 | |
| --- | --- | --- |
| | 養育者Ａ | 養育者Ｂ |
| 経済的安定の基盤づくり | ・セウム奨学金<br>・緊急生計費、物品支援<br>・政府支援との連携 | ・セウム奨学金<br>・緊急生計費、賃貸住宅の保証金の申請<br>・緊急医療費、物品支援<br>・公的資源との連携 |
| 養育ストレスの解消 | ・子育て情報の提供、父母教育（養育者ガイドブック提供予定） | ・子育て情報の提供（養育者ガイドブック提供予定） |
| 心理・情緒的安定化 | ・心のケア（専門家との連携）<br>・電話相談および家庭訪問相談 | ・電話相談および家庭訪問相談 |
| 社会的支援体制の確保 | ・寄りかかれる肩、秘密の友人としてのセウム<br>・地域児童センターとの連携 | ・寄りかかれる肩、秘密の友人としてのセウム |
| 家族関係の修復 | ・家族面会の情報提供<br>・収容された親との段階的な対面の案内 | ・収容生活および家族面会の情報提供 |

## ⑷　詳細目標および支援内容

### ＜経済的安定の基盤づくり＞

　大部分の被収容者家族が経験するであろう突然の経済的危機は、ＡとＢの養育環境を不安定にする大きな要因である。基本的な生計維持と居住環境の安定化のために緊急の支援が要請され、両家族とも地方自治体の公的資源を利用することが可能であった。し

かし、申請後、実質的な受給者になるまでの空白期間が生じた。そこで、セウムは、地方自治体との協力によりこの隙間の期間に緊急一時支援を行った。公的資源が及ばない隙間期間を支援することにより、緊急生計費受給者または基礎生活受給者に選定され、以前より安定した経済基盤づくりができた。

両家族とも地方自治体の緊急生計費支援を受けながら政府の賃貸住宅を利用することができた。Aの家族はすでに引っ越し、Bの家族は現在新しい居住地を探している。

Aの家庭は、成人の扶養者がいるという理由で基礎生活受給者には選定されず、相変わらず経済的な養育環境が不安定な状況にある。Aの家庭が公的システムをもとに安定した段階に進める対策が必要である。一方、養育者Bの家庭はセウムが企業の財団に緊急生計費および賃貸住宅の保証金準備のための支援申請をして、危機的状況を克服し、最近基礎生活受給者にも選定され、多少は安定した経済的養育環境の基盤ができた。

ほかにも、セウムは養育者の経済的負担を軽減するために、子どもの新学期、誕生日、名節（旧正月・旧盆）、クリスマスといった記念日にはプレゼントを贈り、栄養剤、文具類、生理用ナプキンなどの物品を随時支援している。さらに、子どもにおこづいを与えることすら難しい家庭には少額ではあるが経済的支援を行い有効に使われている。

### ＜養育ストレスの解消——養育相談および情報提供＞

家族の収容による衝撃と混乱、心理的不安やストレスが解消される間もなく、養育者は、幼い子どもの養育を一手に担わなければならない状況に置かれる。養育者は、家族が収容され、裁判への協力、刑務所への差入れ、被収容者が残した債務等のさまざまな問題に直面する場合が多い。とくに、被収容者の家族は、子どもを健全に養育できるのか、親の収容と不在といった急激な環境の変化を子どもが克服できるのか悩むことが多い。Aのような祖

孫家庭（祖父母と孫の家庭）の場合には、世代間のギャップが激しく前世代とは異なる養育方法や情報の欠如から幼い子どもとのコミュニケーションがうまくとれなかったり、誤解が生じたりするなかで葛藤が深まることもある。また、Bの場合のように、これまでは子育てにおいて不足した点を相互補完し夫婦が相談しながら各自の役割を担っていたのが、収容された配偶者の役割まで同時にこなさなければならなくなる。

　実際に養育者の相談を進めていくと、子育てや教育に対する苦悩を訴える養育者が多い。とくに、子どもが思春期を迎え、優しい子だった以前とは異なり収容された親の不在に対する恨めしさとともに問題行動を見せる場合がしばしばある。こうした場合、養育者はどのように子どもとコミュニケーションをとり、親の役割をすればよいのか養育方法がわからず、情報もなく右往左往することもある。

　子どもの養育問題に悩む養育者には相談を受け助言を行い、前向きに子どもを支えていくために何ができるのかをともに考える。

　養育相談、父母教育、養育者ガイドブックを通した情報を提供した結果、子どもの養育に対する責任感や精神的負担が重い養育者のストレスを解消し、子どもの養育環境の変化がみられた。

**＜心理・情緒的安定化——心のケアおよびカウンセリングサポート＞**

　親の収容後、子どもがチック障害や小児うつなどで緊急の心のケアが必要だという診断を受け、セウムに支援を求めるケースが多い。

　Aの子どももこうしたケースである。父親の収容後、長男から始まり、次男、末っ子の長女まで心理・情緒的不安定によって、緊急の心のケアが必要となった。幸いにも長男と次男は公的資源につなげることができ、ケアを受けることができたが、長女とAにはそれが叶わなかった。

　Aもまた、養育問題や経済的困難、健康問題、社会的孤立といっ

たネガティブな経験が続き深刻なうつ症状がみられ、子どもの養育環境にマイナスの影響を及ぼしていた。ＡとＢはどんなにつらくて苦しい環境や状況にあっても、子育てを放棄せず、最後まで愛情でもって責任を果たそうと最善をつくしていた。突然の親の不在に苦しむであろう幼い子どものことを考えると胸が詰まるという。

そして、二人とも子どもが唯一頼ることのできる支えになっているのは確かである。しかしながら、ＡとＢもまた、家族の突然の収容によるショックが癒えない状態で、今もなお刑務所に収容された家族を考えるだけでも恨めしさややるせなさで混乱するという。特別な支援もなく、助けてくれる人もなく一人で子どもを育てなければならない状況があまりにも大変で、息が詰まるほど苦しいときもある。大人であっても子どもと同じように、養育者に対しても何の偏見もなく、苦しい経験を聞いてくれるだれかにもたれかかり、自分の胸の内を吐き出して、労ってもらいたい。そのだれかのサポートや励ましによって再び立ち上がれる力を得てもらいたいとも考えている。

セウムは、養育者の心理・情緒的な安定とストレス解消のために、養育者を専門のカウンセラーにつなぎ、心のケアを受けることができるよう支援し、時には偏見を持つことなく話に耳を傾けて元気づける秘密の友人となり、養育者が安定を取り戻せるよう支援している。

### <社会的支援体制の確保>

人は、信頼できる他人との健全な関係のなかで成長する。しかし、大部分の被収容者の家族らはＡとＢのように、家族の収容事実を隠すことになり、結果的に社会的に孤立する場合が多い。これまでセウムが出合った被収容者の家族と子どもたちが、地域社会のなかで信頼できるサポート資源を確保することは、子どもの健全な成長のために重要である。

そこで、セウムは地域社会のなかのサポートグループを発掘するために、メンタリングプログラムと称する研修会を実施している。セウムでメントー（mentor）と呼んでいる被収容者の子どもたちと関わるスタッフは、以前からセウムでボランティアをしている一定の教育を受けた人のなかから選抜する。教育内容は、被収容者の子供と家族の理解、修復的正義の理解、相談の理解、矯正政策の理解、刑務所の訪問などで、教育時間は30時間である。

<家族関係の修復——家族面会の支援>

　被収容者の家庭崩壊の比率は、一般家庭のそれより高い。突然の家族の収容は、家族との関係を断絶させ、家族関係に多くのネガティブな変化を招く。とくに被収容者の子どもを養育している家族は、収容された親と子どもの間で混乱と葛藤を経験する。幼い子どもに収容された親の姿を見せたくはないし、その事実を知らせたくもない。そして、子どもが幼ければ幼いほど、「親はお金を稼ぐために遠くに行った」と説明する。幼い子どもが傷つくのではないかと心配するためである。しかし、セウムが出会った多くの被収容者の子どもたちは、親の収容事実よりもむしろ長い間親に会えず、親がどこにいるのかわからないことの方がより大きな不安を感じるという。親が子どもを捨てたのだと誤解することもある。子どもの成長過程における親との関係断絶や親の不在は程度の差はあれど、子どもにマイナスの影響を及ぼすことは明らかである。

　一方で、子どもの養育者は、親が刑務所に収容されていたとしても、親子の間の関係を継続的に維持することは養育者の責任ではないかと悩んだりもする。子どもの成長過程においてどのような形であれ親とともに歩むのは自然なことであり、子どもも親に保護されて育っていく権利がある。とくに、子どもが収容された親を恋しがり、それによって病気を発症したならば、養育者の悩みはさらに膨らむ。どのように親の収容事実を知らせ、収容され

第4章　韓国における被収容者の子どもたちの支援　69

た親と会わせられるかという悩みから戸惑うようになる。大部分の加害者家族はしっかりとした情報を得られず、右往左往している。セウムは、たとえ親が刑務所に収容されていても子どもにとって不利益にならない限り、継続的に親と会って関係を維持し、保護されなければならないという子どもの権利を保障するため、家族面会についての具体的な情報提供や支援を行っている。

親の収容事実をどのように知らせればよいのかと悩んでいる家族には、シン・ヨンヒ著『子どものそばに父親がいないとき』[15](ヤンソウォン出版社、2017年）という本をまず提供し、養育者に子どもの視点から説明し、役立つ方法を伝えている。そして、セウムの経験と家族面会に関する情報を提供し、被収容者の子どもと家族が関係修復できるような支援を行っている。

セウムが過去2年間にわたり支援している養育者Cは、幼い3人の子どもを連れて4年ぶりに刑務所に収容中の父親に会いに行った。4年前には絶対に子どもたちに収容事実を伝えないと決めていたが、時が経ち、父親の不在による子どもたちの心の傷や父親を恋しがる気持ちが大きくなり、昨年から段階的に父親との対面を計画してきた。子どもたちにどのように事実を伝えればよいのかわからず悩んでいたCに、上記の本を通して情報を提供し、セウムの経験も共有した。また子どもたちが受けるショックを最小限に抑えるために、親との面会は段階的に行った。最初は、父親との手紙のやりとりから始め、電話、映像面会で定期的に連絡をとるようになった。刑務所での面会を準備しているなかで子どもたちに正直に父親の収容事実を伝え、子どもたちの感情について話し合ったりもした。こうして4年ぶりに父親に会うことができ

---

15　本書の主な内容は、被収容者の子どもの状況の理解、被収容者の子どもを保護する方法、子どもたちが心配している32種類の質問に対する回答、子どもたちの困難に役立つことができる制度やサービスの紹介などである。

た。4年ぶりの対面なので初めは気まずい様子だったが、時間が経つうちに父親と一緒にいる時間が楽しくて嬉しかったそうだ。Cはようやく大きな山を一つ越えられたようで気持ちがかなり楽になったという。

## 2．「子どもにやさしい家族面会室」の構築の事例

韓国の刑務所における面会は、アクリル製の窓で仕切られた面会室で親に会わなければならない非接触型の面会である。このような非接触型の面会は、被収容者の子どもに恐れを抱かせる否定的な面会の経験になりうる。法務省でも家族面会の重要性を認識し、全国の刑務所で家族面会室の設置を進めているが、53カ所の刑務所・拘置所のうち家族面会室が設置されているのは、2016年現在、全体の25％である13カ所にすぎない。こうした点も、子どもにやさしい環境とはいえない。

2016年10月、セウムが法務省矯正本部社会復帰課に「子どもにやさしい家族面会室」を作ることを提案したところ、法務省は驪州(ヨジュ)

図表9　民官協働ガバナンスネットワークの事例——子どもにやさしい家族面会室の構築

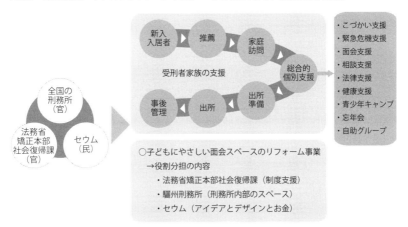

第4章　韓国における被収容者の子どもたちの支援

刑務所を推薦してくれた。そして、同刑務所がスペースを提供し、セウムが子どもにやさしい家族面会室へのリフォーム事業を行った。2017年5月30日に同刑務所において、リフォームが完了した家族面会室のオープン式および家族支援のための協定締結式を行った。

「子どもにやさしい家族面会室」へのリフォームにおいては、温かい家庭のような環境、また来たくなるスペースということをコンセプトにした。家族面会室設置マニュアルを作り、法務省では2017年下半期に7カ所、2018年に7カ所、その後も順次全国の刑務所にこのマニュアルに基づいた家族面会室を設置する計画である。2018年12月には、韓国で一つしかいない清州にある女子刑務所にセウムの2番目の「子どもにやさしい家族面会室」へのリフォーム事業を行った。

同事業の意義は以下の通りである。


・　被収容者の子どもと家族のために民間と政府が共同で行う事業としてすべての刑務所に設置する計画を立てており、社会的影響がある。
・　「子どもにやさしい家族面会室」のような空間環境の整備を政府機関（官）がみずから率先して行うことはできなかったが、子どもの健全な成長や福祉を考えている民間団体（民）の柔軟かつ積極的な活動に政府機関が賛同し、これに加わったことで民官協働ガバナンスネットワークモデルを構築することができた。
・　親との突然の別れを経験した被収容者の子どもたちに、親に会いたいときに、怖くて不快な場所ではなく、母親の胸のなかのような温かくて居心地のよい空間で会える機会を提供できた。これにより家族関係の回復や連帯感を強化することができた。

図表 10　改修工事前の家族面会室（写真）

既存の家族面会室は子どもにとって温かい空間ではなく、家族関係の回復を後押しできる場所ではなかった。

図表 11　改修工事後の家族面会室（写真）

家に入るような雰囲気を出すために、入口を家の形にした。また、家族全員でくつろいだり、話をしたりすることができるリビングのスペース、座って食事ができるスペースに分けた。子ども用書籍や玩具なども置いた。

第 4 章　韓国における被収容者の子どもたちの支援　　73

# おわりに

　韓国社会において、被収容者の子どもに対してようやく関心が持たれるようになったところである。

　セウムにとって、韓国社会で埋もれている被収容者の家族や子どもに出会えたことがこの4年間で最も大きな意義があったといえる。しかし、被収容者の子どものニーズにより近い支援をしていくために、セウムはより多くの実証的な経験を蓄積していかなければならない。また、セウムの経験を社会福祉実践の現場や司法福祉、矯正行政に活かし、被収容者の子どもに対する認識改善を行っていくには以下のような多くの課題が残されている。

- 自分の過ちではなく家族の過ちによって、苦しみのなかで生きている子どもたちに対する認識改善のための多様かつ積極的な活動や介入が必要であり、これを行うには民間団体だけでは困難である。民間と政府（法務省、保健福祉省）の積極的な協力体制を作っていかなければならない。
- 被収容者の家族が家庭を放棄しないように、収容中に刑務所の外にいる家族が継続的につながることのできる面会や家族関係改善プログラムなどを通して、被収容者が再び家庭に戻れることができるようにしなければならない。
- 家族の収容という事実は子どもにとって非常に大きなトラウマとなる。子どもが、この状態を乗り越えていけるよう、回復的な観点からの心理的・情緒的支援が必要である。
- 被収容者の子ども支援のためのプラットフォームとなるのがセウムの2021年までのビジョンである［→57頁］。プラットフォームにつながるための社会環境の整備や被収容者の子

ども支援のための社会システムの構築には、多様な機関との積極的な連帯が必要である。

　日本と韓国は、子どもを一人の人間として尊重する視点が欠けており、今でも家族の一単位として考える場合が多い。そのため、家族の一員が罪を犯すと、家族全体を犯罪者とみなす傾向が強い。今後は被収容者の司法福祉の次元からだけでなく、一人の子どもが有する固有の人権がどのような状況においても侵害されず、守られるよう、両国が協力、連帯して被収容者の子どものケアと人権のためにしっかりとしたネットワークを築いていく必要がある。

# コラム①
# 台湾の受刑者家族支援

　2017年、台湾の受刑者家族支援団体である「中華民国紅心字会」通称Red Heartが主催する受刑者家族支援に関する国際会議において、筆者は光栄にも「日本の加害者家族の現状と支援について」と銘打った基調講演を行うことになった。

　講演中は、何度もカメラのシャッターが切られ、翌日、講演の様子は多数のメディアで報道されていた。

　Red Heartは、子どもの貧困問題に取り組む社団法人として活動を始め、子どもを中心とした受刑者家族の支援にいたったという。スタッフは、ソーシャルワーカーが中心に活動しており、貧困状況の子どもたちの支援からのアプローチや活動内容は、韓国の児童福祉法実践会セウム[→50頁]によく似ている。

　Red Heartでは、刑務所と連携し、受刑者から家族の情報を入手して、子どもたちと養育者の支援を行っている。当事者のエンパワーメントとして、受刑者の子どもたちみずからが企画し、劇を披露するといったイベントを行うなどユニークな活動も魅力的である。

　日本の加害者家族支援に関して、判決確定前からの介入について、フロアから質問が出た。判決が確定するまでは、「犯罪者の家族」ではないことに疑問を感じる人々もいるであろう。当然、無罪推定の原則から言えばそうである。それゆえ、WOHは「犯罪者家族支援」ではなく、「加害者家族支援」と表記している。

　しかし、台湾の人々が、無罪推定の原則を守り、判決が確定するまで犯人の家族を批判しないのかといえば、そうではないようだ。台湾で起こった凶悪殺人事件の犯人の子どもたちは、国内で

写真　台北市での講演

＊筆者とWOH顧問の長尾浩行弁護士。

生活できなくなり、アメリカに養子に出された例もあるという。
　Red Heartのフィールドはあくまで福祉に限定されており、加害者家族から直接相談を受けるということもない。事件発生直後の加害者家族の生々しい生活状況までは把握できてはいない。日本においては、近年、司法と福祉の連携が叫ばれるようになり、専門性が狭く時間的にも限定的である司法に限界を感じた人々が福祉の視点を取り入れることによって、被支援者のニーズにより即した支援を展開するようになっている。逆に、福祉的支援が充実している台湾をはじめとするアジア諸国の加害者家族支援の課題として、刑事弁護人や事件記者と連携し、刑務所に収容されない犯罪者も含めた家族の支援を視野に入れてみてはどうかと考える。

阿部恭子

# 第2部

## 加害者家族の
## 子どもたちと
## 刑事司法

# 第 1 章
# 捜査段階における加害者家族の子どもたちの人権

阿部恭子（NPO法人World Open Heart理事長）
監修：草場裕之（弁護士）

## はじめに

　本章では、警察での事情聴取における加害者家族の子どもたちが直面する問題について、事例をもとに検討を行う。見過ごされがちな問題であるが、刑事弁護人には、加害者家族の子どもたちの人権にも意識を向けて対応していただければ幸いである。

## 事例①
### ──参考人としての事情聴取

### 1. 加害者家族から被疑者となった母親
　A（8歳）の父親は、詐欺事件で逮捕された。被害額が多額であったことから事件は大きく報道され、事件発覚から逮捕に至るまで、関東某所にある家族の自宅には連日のように報道陣が詰めかけた。
　報道陣の影におびえるようになったAは、自宅で睡眠をとることができなくなった。Aの精神状態を心配した母親は、しばらく

80　第2部　加害者家族の子どもたちと刑事司法

自宅に帰らずホテルで生活することにした。手持ちの現金は次第に底をつき、無料で宿泊できる避難所を訪ねたが、報道陣に追われているという理由で避難できる施設は見つからなかった。

WOHでは、Aの母親から子どもと一緒に避難できるところはないかという相談を受け、各地の協力者に連絡を取った。東北地方で一つ、避難場所を提供してくれるところがみつかり、関東の協力者とともに母子を避難させることができた。

避難場所は清潔で陽当たりがよく、温かい布団と食事が用意されていた。Aはこれまでの緊張がようやく解け、安心して眠りについた。Aは、事件前まで私立学校に通っていた。母親は、学校を休ませるにあたって学校側に事件の詳細までは伝えていなかったことから、学校側はAの状況を気遣っていた。しかし、父親の逮捕報道が流れた途端、態度は急変し、学校としての対面や学費の支払いを心配するようになった。

警察は、父親の逮捕に伴って、母親からも事情を聞きたいという。母親は、避難先の住所を伝えると、近くの警察署まで来るようにと言われた。その間Aは、協力者が運営する託児所で預かることになった。

最初の事情聴取で母親は、夫との出会いや自分自身の経歴について淡々と事実確認されていた。事情聴取は一度で終わらず、翌日も続いた。2回目の事情聴取から戻ってきた母親は、警察はまるで自分を犯人扱いしているとショックと怒りをあらわにした。筆者は、念のため聴取の内容を記録しておくように伝えた。三面写真を撮られたという点も気にかかり、筆者はWOHの弁護士に母親が記録した事情聴取の内容を送った。

記録を確認した弁護士は、母親は共犯者と見られている可能性があると判断した。さらに、夫がそのように供述しているのではないかというと、母親はその可能性を否定した。夫とはすでに離婚の手続を済ませているが、関係が悪かったわけではなく、面会

にも行くつもりだという。母親の動揺と長引く事情聴取に、Ａも落ちつかない様子を見せはじめた。

　３回目の事情聴取が始まるとき、母親は取調官から「今日からは被疑者として取り調べる」と告げられていた。この日、母親が警察署にいる間、筆者がＡの面倒をみることになった。母親から、休憩中に一度電話をもらう約束をしていたが、時間を過ぎてもかかってくることはなかった。不安になり電話をすると、しばらくして折り返しの電話がなった。母親は、かなり動揺しており、「もう無理です……」と自白するしかないという心境を伝えてきた。筆者は、WOHの弁護士に、母親に電話して助言してもらうように伝えた。

　しばらくして、母親はＡの待つレストランに戻ってきた。子どもの顔を見て安心した母親は、取調室で受けた屈辱と恐怖を思い出し泣き出した。

　記録を見た弁護士が判断した通り、警察は母親も共犯だと考えているようだ。今回は、弁護士の助言通り「任意なので帰してほしい」と行って戻ってきたが、まだ取調べは終了しておらず、母親が逮捕される可能性があるという。母親は、取調官から「すべて話をすれば夜は子どもに会わせてあげる」と言われ、事実と異なる内容の調書に署名押印してしまおうと思ったという。

　母親の弱点は子どもであり、取調官もそこをよく理解している。筆者は弁護士から、母親が逮捕された場合、Ａを預かるところをあらかじめ具体的に決めておくようにと指示された。子どもへの心配が始まると、母親は主張を貫けなくなるからである。筆者は、Ａの保護についてスタッフと話し合い、必ずＡを守ることを約束し、翌日の取調べに送り出した。

　その後、弁護士が正式に選任届を出して対応したことによって、強引な取調べはなくなった。

## 2. 検討——取調べにおける家族という弱点

取調べにおいて、「おまえが吐かないなら家族を呼ぶぞ」などと揺さぶりをかけられるという話は何人もの経験者が証言している。家族の中でもとくに、子どもの存在は、密室で孤立無援の状況にある被疑者にとって最大の弱点となりうる。

子どもを中心とした家族の安全が守られているという具体的な情報を被疑者に伝えておくことは、虚偽の自白調書を生まないうえでも有効な手段であることがあきらかとなった事件である[1]。

Aを養育できる親族はいないことから、母親が逮捕されればしばらくはWOHで面倒をみることができたとしても、いずれ児童擁護施設で暮らすことになるだろう。Aは母親と離れることを不安に感じており、母親と暮らし続けることができたことは、Aの人生において何より重要なことである。

捜査段階からの加害者家族支援は、冤罪回避の点でも重要であり、刑事弁護人には意識をしていただきたい点である。

# 事例②
——子どもを伴う事情聴取

## 1. 叱責される親を目の前にした子どものつらさ

B（4歳）の父親は詐欺罪で逮捕された。逮捕後まもなく、母親も事情聴取を受けることになったが、Bを預けることができる人がいないことからBは母親と一緒に事情聴取を受けることになった。事情聴取の間、Bは、母親の横でおとなしく本を読んでいたという。

---

1　本件における子どもの問題以外の論点については、阿部恭子編著『加害者家族支援の理論と実践——家族の回復と加害者の更生に向けて』（現代人文社、2015年）73〜77頁を参照されたい。

第1章　捜査段階における加害者家族の子どもたちの人権　83

翌日、２回目の事情聴取のため、警察署に行こうとすると、Ｂは突然行きたくないと言い泣き出した。Ｂは、外に出たくないと泣き叫び続け、対応に困った母親は警察署に電話をし、警察官に自宅で対応してもらうよう告げた。

　事情聴取が終了した後も、Ｂは母親の側を離れなくなり、夜も一人で眠ることができなくなった。しばらく、夜中に起きたり、夜尿が続くこともあった。

　母親によると、警察署での事情聴取の際、母親は、夫が騙し取った金銭で贅沢な生活を送っていたと取調官から酷く叱責され、号泣してしまう場面もあったという。Ｂは、おとなしくしていたものの、内心は相当怖い思いをしていたに違いない。

## 2. 検討——子どもを捜査に巻き込まない環境を

　捜査機関からの事情聴取にあたって、子どもを預けられる人がいないという家族からの相談は少なくない。事件の関係者だということを知られたくないという事情もあり、このような状況で安心して子どもを預けられる人はそう多くはないかもしれない。WOHでも事務所などで子どもを預かるサービスを行っているが、スタッフ不足でとてもすべてのケースには対応できていないのが現状である。

　事情聴取に子どもを同伴させることは、会話が理解できる年齢ではなかったとしても問題である。親が叱責されたり非難される姿を見ることは、子どもにとって最もつらいことではないだろうか。被疑者の家族の立場で、警察に自宅での事情聴取の申出をためらう人もいることから、弁護人が家族から相談を受けた際は、子どもをできるだけ巻き込まない環境を考えた助言を行っていただきたい。

# 事例③
――未成年の家族への事情聴取

## 1. 犯行の内容を聞かされていた兄弟

Cの兄は、殺人や放火などの罪で逮捕された。Cは、兄から犯行を手伝うように指示されたこともあり、犯行に関する内容をほとんどすべて兄から聞かされていた。Cの兄は、犯行が発覚した場合、Cに犯行についての情報が書かれているメールを消去することや警察への対応方法などを細かく指示していた。Cは、日常的に兄の残忍さを目の当たりにしており、拒否すれば自分も殺されかねないと思い、指示通りに動いていた。

兄が逮捕された後、Cも警察に事情を聞かれることにり、事情聴取は弁護士の立会いのもとに行われた。参考人の事情聴取においても、未成年が対象となる場合、保護者、弁護士、教師といった適切な大人の立合いが不可欠である。

## 2. 検討――未成年の事情聴取に大人の立ち合いの徹底を

第1部第1章[→14頁]でも紹介した映画『誰も守ってくれない』は、中学生の主人公・船村沙織の兄が中学生の姉妹を殺害し逮捕される。刑事の勝浦が、妹の沙織をメディアスクラムから守るという物語である。当然、映画はフィクションであるが、犯人の妹である沙織と同じ状況に置かれている子どもたちのケースは実際、存在している。

勝浦は、マスコミが押し寄せ、近所からの嫌がらせによって、とても住めるような状態ではなくなった自宅から沙織を安全な場所に避難させる。一方、家宅捜索中、母親は自宅のトイレで首をくくって自殺をしてしまう。勝浦は、友人の精神科医を呼び出し、沙織のケアをさせようとする。

逃亡生活のなかで、勝浦との信頼関係が芽生え始めたころ、沙織は、兄が受験のストレスで精神的に不安定であったことや、犯行から戻ってきたと思われる日に手を洗っていた様子などを語り始めるのだった。

映画の終盤、勝浦の後輩の三島という刑事が避難先に訪れ、沙織の事情聴取を始める。三島の口調が乱暴で、心に深い傷を負っている子どもに対する接し方としては不適切な対応であると感じた。

兄の逮捕直後からの精神科医の介入や避難所の用意など、勝浦の個人的な人脈を頼りに行われている沙織への支援は評価できる。

しかし、この警察が被疑者の妹を守るストーリーはあきらかに、妹の人権を守る目的ではなく、犯罪を立証するための証拠を守ることを目的としている。沙織は、兄の犯行当時の様子を最も身近で見ており、沙織の証言は犯罪の立証を強固とするために不可欠だからである。

必要なのは、捜査機関の情報収集活動とは別に、被疑者の家族の人権を守ることを目的とした支援である。未成年の事情聴取における適切な大人の立ち合いは、義務としてすべてのケースに適用すべきである。


## おわりに

重大事件に限らずとも、捜査段階は、警察からの事情聴取や弁護人といった慣れない専門家との関わりから、加害者家族の精神的負担はピークに達する時期である。子どもを中心とした加害者家族支援においても、捜査段階からの支援が不可欠である。

第2章
# 刑事裁判と加害者家族の子どもたちの人権

阿部恭子（NPO法人World Open Heart理事長）
監修：草場裕之（弁護士）

## はじめに

　アメリカの裁判所を見学した際、幼い子どもたちを連れて傍聴席に座る女性たちを何度か見かけた。日本の刑事裁判で、加害者家族の子どもたちを見かけたことはない。法廷で見かける子どもといえば、教師に引率されて傍聴している中学生くらいだ。日本の裁判所もまた、子どもにとっては敷居の高い場所となっている。しかし、子どもであっても家族の裁判を傍聴したいというニーズは存在している。

　本章では、家族の裁判を傍聴したいという子どもたちの知る権利を保障する支援のあり方とともに、刑事裁判における家族のプライバシーへの配慮の必要性について検討したい。

# 事例①
──加害者家族の子どもによる裁判傍聴

## 1. 父親の裁判

　Ａ（15歳）の父親は、詐欺罪で逮捕・起訴された。情状証人として母親が出廷することになり、Ａは傍聴を望んでいた。大きく報道されたことから、母親は子どもたちに父親が起した事件の事実は伝えていた。しかし、子どもに直接、被告人となった父親の姿を見せることは悪影響だと考えて、父親と会いたがる子どもたちには接見禁止が解除されたことは伝えず、母親一人で面会に行っていた。

　Ａは、未成年でも傍聴が可能であることを知ると、父親の裁判を傍聴したいと言い出した。しかし、母親は娘に法廷での父親の姿は見せたくなかった。さらに本件は、被害者が複数おり、傍聴席には人が集まることが予想された。被害者や報道陣に娘の存在に気づかれることを懸念し、母親はＡに傍聴を止めるように伝えていた。

　それでもＡは真実が知りたいといって聞かなかった。親子の話が平行線をたどるなかで、筆者がＡに同行し、Ａが周囲に加害者家族であると気づかれないよう母親と離れた位置で傍聴することで互いに納得した。

　公判期日は夏休みと重なり、学生の傍聴なども入っていたことから傍聴席は予想以上に埋まっていた。Ａは、腰縄をかけられて出廷する父親の姿を見て、思わず泣き出してしまった。公判で伝えられた事実は、Ａにとって想像していた以上につらい事実だった。父親が詐欺に手を染めた理由として、「子どもの学費がかかる」と供述していたことから、その後、Ａは父親が事件を起こした責任が自分にもあると自分を責めるようになった。

　弁護人も父親の実刑判決は免れないだろうと判断しており、母

親は判決が確定した時点で離婚することを考えていた。Ａは、この先、父親と離れて暮らすにあたって、なぜ父が犯罪に手を染めなければならなかったのか、どうしても客観的な事実を知りたいと考えていた。傍聴の時間は苦しい時間であったが、Ａは真実を知ることができてよかったと話していた。

## 2. 検討——未成年の傍聴への同行

　詐欺罪で逮捕されたＡの父親は、複数の被害者から多額の金銭を騙し取っており、金の使い道は妻以外の女性やゴルフなどの交際費にあてられていた。事件が発覚する数年前から単身赴任で自宅で過ごすのは週末だけであり、家族は夫の生活が派手になっていることなど知るよしもなかった。

　事件前から夫婦生活は途絶えており、夫婦の関係はすでに破綻していたという。Ａは、突然の父親の逮捕にショックを受け、何があったのか事実を知りたいと思っていた。一方、母親は、事件の真相に関心はなく、できるだけ早く離婚をして罪を犯した夫と縁を切りたいと考えていた。Ａも母親の心中を察しており、母親から事件の詳細を聞くことには限界があると考え、直接、情報を得る機会を待っていた。

　血の繋がっている子どもにとって、父親が犯罪に手を染めたという事実は信じがたく、それゆえ、なぜ罪を犯すに至ったのかその理由を知りたいと考えても不思議はない。養育者である母親と子どものニーズが一致しないということはよく起こることである。

　母親に無理をさせることなく、子どものニーズに応えるために、適切な大人が同行することによって、事実を知ったショックや悩みを共有することは、子どもの支援という観点からも重要な機会となった。

第2章　刑事裁判と加害者家族の子どもたちの人権　89

# 事例②
──被告人の更生と家族

## 1. 子どもに関する情報は必要か

　Bは、夜道で女性に抱きつき胸を触ったとして強制わいせつ罪で逮捕された。Bには、妻と二人の娘がいた。突然の出来事に、妻は弁護人に言われるまま対応し、情状証人として出廷することも嫌とは言えなかった。

　法廷には、被害者の姿もあり、Bの妻は被害者を前にしてとても顔を上げることができなかった。被告人質問の際、弁護人は被告人に対して、「あなたには△歳と□歳の娘さんがいますよね」という質問をした。娘の話が出た途端、被告人である夫は思わず泣き出した。弁護人の質問の意図は、二人の娘がいる父親として二度と恥ずかしいことはしないという更生の誓い述べさせたかったのであろうが、それを聞いていた妻は、子どもの情報が出たことにとてもショックを受けた。地元で開かれている裁判で、だれが聞いているのかわからない。通っている小学校や学年がある程度、特定できてしまうのではないかという不安に襲われた。被害者側にも子どもについての詳細な情報は知られたくなかった。

　弁護人は、「判決が確定するまで被告人のために離婚をしないでほしい」と言うので従ったが、いずれ離婚する意志は固かった。家族はBを支えていく予定などないにもかかわらず、Bに家族のために更生すると誓わせること自体矛盾である。

　Bは執行猶予付き判決を得ることができたが、家族にとっては疑問と不満だけが残る裁判だった。

## 2. 検討——家族のプライバシーへの配慮を

### ⑴ 子どもの存在は再犯抑止につながるか

Bは、家庭では良き夫、良き父親であり、こうしたケースは筆者の経験によれば決してまれではない。逮捕にいたらなかったケースを含めて、これまで犯行を繰り返しており、Bに必要なのは専門的な治療だと判断されていた。子どもや妻を大切にしているが、家族の存在が犯行の抑止には繋がっていないのである。家族が再犯の抑止になるという一般論は、本件にはあてはまらない。

情状弁護において、機械的に家族の存在を更生の材料とするステレオタイプの主張は見直していくべきではないかと考える。

### ⑵ 情状弁護における家族のプライバシー

公判で、被告人の生育歴や家庭環境があきらかにされることも多く、事件を理解するうえで、重要な要素であることは否定できない。また、被告人の更生を考えるうえで、家族の存在に言及する必要も出てくるであろう。しかし、傍聴席には不特定多数の人々が出入りしており、被告人の家族としては、公開の法廷で家族の情報が出ることに対して、神経質にならざるをえない。加害者家族である事実によって、結婚が破談となる事例も多数存在することから、家族として、被告人の子どもの性別や年齢などの詳細は極力伏せてほしいと考えることは当然である。

情状弁護においては、家族の情報を公開するにあたって、公表する必要性を十分に検討していただきたい。

## 3. 未成年者が証人となる場合

未成年者が証人として証言する場合、適切な大人の立ち合いとともに、プライバシー保護の観点から遮蔽措置などの十分な検討が必要である。法廷にはさまざまな人が出入りすることから、緊張が高まる場所である。加害者側の親族である場合はとくに、好

奇の視線に晒される可能性があることから、さらなる心の傷を作らないような配慮が求められる。


## おわりに

　重大事件を扱う裁判員裁判以外の刑事裁判では、傍聴人はわずかであり、事件に対する社会の関心はすでに薄れている。しかし、一つの事件の背景にはさまざまな人間関係が潜んでおり、思わぬ人物が傍聴に訪れているということもある。1～2人しか傍聴席にいない法廷であっても、加害者家族にとって情報が公になることは恐怖である。

　「被告人の家族の情報が一人でも多くの人に知られないこと」は、不特定多数の人々が情報にアクセスできるインターネット社会を生きる加害者家族の最大の願いであるといっても過言ではないことを心に留めておいていただきたい。

# コラム②
# 映画紹介

『さよなら、アドルフ』
（2012年製作、オーストラリア、ドイツ、イギリス）

## 敗戦——加害者家族としての人生の始まり

　ナチス高官の父のもとに生まれた長女ローレ14歳。敗戦の空気が漂う中、一家の子どもたちは「最終勝利」を信じて疑わなかった。

　しかし、大人たちの動揺した表情と、慌ただしく家中を歩き回る様子から、何かよくないことが起きていることを察していた。

　そして、突然告げられる転居。理由も行先もわからないまま、家族は暗闇の中、住み慣れた屋敷を後にするのだった。

　田舎の農家にたどり着いた一家だが、しばらくして父親は家族のもとを去って行った。母親は不安定な様子で乳児に授乳することさえ億劫な様子だ。そして、現実に耐え切れず酒に酔った母親は、ローレに「総統が死んだ」事実を告げるのだった。

## 両親との別れ——生活苦の始まり

　母親は連合軍に出頭を命じられ、戻って来なければ祖母の家に行くようにと言い残したまま家を出て行く。その日からローレは母親代わりとして、姉妹と生まれたばかりの弟の面倒をみなければならなくなる。姉妹たちに、両親が戻って来ない理由を尋ねられても答えることができない。

　家の食料が底をついたころ、ローレは妹弟たちを連れて、900キロ離れた祖母の家に向かうことを決意する。

## ホロコースト——事件の真相を知る

　旅の途中、ローレは街頭に張り出されたホロコーストの写真に衝撃を受ける。収容所に山積みにされた死体の山、痩せこけた収容者たちの姿……、大勢の人だかりにナチスへの批判と軽蔑の声が溢れ、ローレはようやく一家に起こった事実に気づくことになる。

　空腹で食べ物を分けてほしいと頼んでも、ナチスの家族ということで断られてしまう。何の罪もないはずの子どもたちもこうした社会的制裁を受けるのだった。

　そんな時、ローレたちは偶然、ユダヤ人の青年に助けられる。食べ物をくれたり親切にしてくれる青年に弟たちはよくなついているが、ナチスの教育を受けてきたローレはユダヤ人への差別意識から援助さえ屈辱と感じ、素直に接することができない。ローレと年の近い次女は、ナチスの教育から差別意識を共有しているものの要領がよく、ユダヤ人青年によってもたらされる利益を抵抗なく受け入るのだった。

## 葛藤の始まり

　ローレと妹たちは、長い旅を経て祖母の住む田舎町にたどりつく。戦争の傷跡が感じられない美しい町で、子どもたちはようやく暖かい寝床と食事にありつくことができるのだった。

　祖母は、ナチスの政策が正しかったことを淡々と子どもたちに話す。祖母は、ローレたちが目の当たりにしてきた事実をまったく知らないのだ。次女や幼い兄弟たちは、ようやく訪れた平穏な生活に順応していくのに対して、ローレは敗戦前を生きている祖母の言動に反発を覚えるのだった。

　本作品は、出会いや体験によって、親から受け継いだ教育を疑わざるをえなくなり葛藤に苦しむ少女の目線から、戦争が残した

94　　コラム②　映画紹介

傷跡が描かれている。純粋で責任感も感受性も強いローレは、ユダヤ人青年を差別しながらも、異性として惹かれる自分を止めることができない。

　美しい映像とともに、思春期の少女に訪れる試練と繊細な心の揺れを感じてほしい作品である。

阿部恭子

第**3**部

加害者家族の
子どもたちへの
社会的支援

第1章

# 事件の告知と
# 子どもの知る権利

### 阿部恭子（NPO法人World Open Heart理事長）

## はじめに

　事件が発覚したころはまだ幼かった子どもたちに、親の逮捕や収容の事実をどのように伝えるのかは、子を持つ親たちにとって非常に大きな課題である。

　加害者家族支援が発展している欧米諸国では、子どもには家族の加害の事実について知る権利があり、養育者は家族の加害の事実を子どもに伝えるべきであるという考えが一般的である。

　昨今、日本においても、加害者家族の子どもに関して、子どもの知る権利の重要性が指摘されるようになったものの机上の空論が展開されるばかりで、だれがいつどのように伝えるべきかといった本質的な議論は深まっていない。

　そこで本章では、親や兄弟姉妹が罪を犯した子どもたちへの事件の告知と子どもの知る権利について、WOHが経験した多数の事例をもとに、日本社会の現状を踏まえて、支援のあり方を検討したい。

98　第3部　加害者家族の子どもたちへの社会的支援

# 子どもの知る権利とは何か

　自分はどこでどのように生まれたのか、だれと血がつながっているのかという事実はアイデンティティを構成するうえで重要な要素である。

　加害者家族の子どもに関して問題となっている「知る権利」の対象は、「子どものニーズ」と解することが妥当である。したがって、養育者をはじめ、子どもの支援に関わる関係者は、そのニーズに可能な範囲で答えていく姿勢が求められる。そして、事件発覚後の加害者家族の子どものニーズとは、つまり、「家族がいなくなった理由を知らされること」である。

　日本において、家族の逮捕や受刑について、社会的にタブーとされてきた傾向があり、子どもには伏せておくべき事柄だという考えが一般的ではないかと思われる。それは、子どもを一人の人間として認めていないことに依拠する発想であり、子どもの人権の観点からは、身の周りで起きている事柄についてきちんと知らされる権利がある。伝えられる事実はネガティブな事柄であり、子どもたちは少なからず衝撃を受けるであろう。それでも、事実を知ることによって、その後の自分の人生について考え、問題を解決していく力が養われていくのである。子どもたちも大人社会の出来事に巻き込まれるのであり、永遠に保護者が守り通すことなど不可能だからである。子どもにとって最も残酷なのは、家族が事実を隠し通すことができなくなり、いきなり事実を突きつけられることである。

　もっとも、その伝え方については慎重を期する必要がある。事件後、子どもがどのような心理状態にあるかを想像しながら、告

第1章　事件の告知と子どもの知る権利　99

知の意義と具体的な方法や時期について考えていきたい。


# 告知の意義と方法

## 1. 子どもの安心のために

　家族にとって、事件がどのように発覚するか、状況はさまざまであるが、残された家族が逮捕の事実を知ったことによる動揺、大人たちの非日常的な会話と行動、見知らぬ人の自宅への出入り、慣れない場所への訪問など、子どもたちは起きている変化に敏感になっている。

　あまりに日常とかけ離れた光景に、何も知らされない子どもたちは密かに不安を募らせている。幼い子どもたちは、疑問を言葉にすることができず、体感している不安や恐怖が身体症状として出てくることもある。小学生以上の子どもたちのなかには、家族に重大なことが起きていることを察しながらも親に気を遣って何も気がついていないようなふりをしたり、事情を知りたい気持ちを抑え込んでいるケースも多い。また、家族がいなくなってしまったのは、自分のせいではないかと自責の念を募らせる子どもたちもいる。

　身近にいる大人たちは、できる限り、今起きていることを子どもに説明し、「あなたは悪くない」と伝えることが必要である。


## 2. 子どもの年齢や発達段階に応じた対応を

　養育者をはじめ事件を知りうる関係者は、子どもの年齢や発達段階に応じた説明を繰り返す必要がある。子どもの年齢が低ければ低いほど、子どもが知りたいと思うことは、いなくなってしまった家族に会えるかどうかということが中心となる。

　中学生以下の子どもたちは、家族が起した事件の詳細より、い

100　第3部　加害者家族の子どもたちへの社会的支援

なくなった家族が戻ってくるのか否か、戻って来るならばいつなのかということを知りたがっている。したがって、起訴や判決確定など予測が可能となった時点で随時釈放の見込みについて伝えていくとよい。

中学生以上になると、なぜ家族が犯罪に手を染めたのかという事件の背景や、事件が家族の生活におよぼす影響について知りたいというニーズも出てくるであろう。進路など子どもの将来の選択に直接かかわることも出てくることから、財産状況や転居の可能性については早い段階で状況について共有し、きちんと話し合う時間を設けるべきである。子どもが不安に思い、質問してきたことについては、知りうる範囲の事実を伝えるべきである。


# 刑事手続の流れに沿った告知

刑事手続の流れに沿って、具体的な場面における子どもへの説明の仕方について以下検討する。

### 1. 捜査段階（逮捕から起訴まで）

加害者が逮捕された経緯や事情について、当然に家族に伝えられるわけではないことから、捜査段階では不確定な事実の方が多いはずである。そこで、家族もまだ事情が呑み込めず、連絡を待つしかない状況であれば、事実をそのまま子どもに伝えてよい。

夫が逮捕されて警察署にいるならば、「パパはお巡りさんのところにいて今日はお家に帰ってこられない」といった説明が妥当であろう。

直近の釈放が見込まれる事件と起訴は免れないであろう事件があり、その判断が難しい場合も、家族が知りうる範囲のことを、

第1章 事件の告知と子どもの知る権利 101

わかった時点で随時伝えることが必要である。

　10歳未満の子どもであれば、事件の進捗状況ではなく、いつも家にいる家族が「帰ってくる」のか「帰ってこない」のかということを知りたがっている。したがって、起訴が決まり、季節が変わるまで戻ってくる見込みがないようであれば、「春になるまではパパはお家に帰ってこられない」といった説明を随時していくべきである。

　面会が可能であるならば一緒に面会をし、被疑者から直接、三食食べることができて安全な場所にいることを確認できることは子どもの安心につながると考える。

## 2. 収監について

　保釈されて自宅に戻ってきた被告人が実刑判決を受けて刑務所に行く場合、収監についてどのように伝えるべきか。刑務所について、アメリカのリトルキッズ・ビッグチャレンジズという受刑者を親にもつ子どもの支援のための教材[→49頁]では「ルールを破った人が行くところ」と説明している。説明の際には、「何年間離れて暮らすことになるのか」「離れている間、手紙や電話はできるのか」といった具体的な内容を伝えるべきである。収容先は、受刑者本人から手紙が送られてこない限り、家族も知ることができないので、その旨も伝えておくとよい。

　懲役が数年未満という場合、海外出張などと嘘の情報を伝えている家族もいる。しかし、互いに病気になったり災害など、緊急に連絡を取る必要が生じることもあることから、最初から真実を伝えておくほうがよいと考える。

　子どもが受刑者に会いたいという場合、できるだけ面会をさせてあげることが子どもの安心につながる。逆に、刑事施設に行くことを嫌がる場合は、無理に同行させてはならない。

# その他、告知に関して問題となること

　同居している家族が逮捕された場合、家宅捜索や事情聴取など、家族は否応なしに事件に巻き込まれるが、別居している家族が逮捕された場合や、在宅事件で被疑者が家庭にいる場合など、子どもを巻き込まない状況で刑事手続が進んでいくケースもある。

　以下、養育者から寄せられる相談内容をもとに、さまざまな状況における告知のあり方について考えてみたい。

Q　受験生の子どもに事件のことを話さなければならないでしょうか。受験に影響してしまうのが心配です。

A　お子さんが、家庭の様子を不審に思い、何が起きているのかを知りたがっていれば話してあげたほうがよいでしょう。事件の影響で転居の可能性が出てきたり、経済状況が変化するようであれば、早めにお子さんと、今後のことを話し合うべきです。

　　家族が秘密にしていても、他の人から情報が入ってしまうことがあります。それよりは、身近な人から適切な情報を伝えておくほうがお子さんのためではないかと思います。お子さんの力を信じて、事実を伝えてあげてほしいです。

Q　思春期の多感なときにつらい事実を伝えてよいのでしょうか。成人してからでもいいのではないかと悩みます。

A　父親が電車で痴漢行為をして逮捕された女性Ａさんの体験です。Ａさんが高校生のころ、単身赴任中の父親が赴任先で逮捕されたそうです。当時、父親は週末しか自宅で過ごすことはなく、Ａさんは部活動や塾が忙しく、父親の不在に

ついては気にならなかったそうです。Aさんは、高校を卒業するまで父親が事件を起こしていることをまったく知りませんでした。Aさんが父親の犯罪の事実を初めて知ったのは、20歳のころ、父が再び罪を犯し、母が離婚を決意したときでした。母親は、Aさんが成人するまで離婚を我慢したようです。Aさんは当時を振り返ると、事件のことを知らずに過ごせてよかったと話していました。

　たしかに、Aさんのように、楽しく過ごしている時期にネガティブな情報を伝えられなくてよかったという人や、いきなり事実を伝えられて困ったという人もいます。しかし、家族同士で緊急に連絡を通る必要が生じたり、インターネット検索によって家族の逮捕記事にたどりついてしまうことがありうる世の中だということは、頭に入れておかなければなりません。第三者から伝えられるよりは、身近な人が早い段階で説明をしておくほうがよいのではないかと思います。


　養育者としては、思わぬところから情報が入り、隠そうとしていた事実を子どもに知られてしまうことがある。また、養育者としては隠していたつもりの事実をすでに子どもが知っているケースもまれではない。したがって、事件が発覚した時点から、子どもたちと事実を共有するという姿勢が望ましい。とくに、性犯罪に関しては、母親が娘に伝えることを躊躇してしまうであろう。しかし、多くの場合、逮捕の事実は実名報道されており、情報はすでに公になっている。逮捕の事実や判決など、公になっている家族の情報は最低限伝えなければならない。ほかの人から先に伝えられてしまうことのほうがよりショックは大きいといえる。

　告知にあたっては、WOHやスキマサポートセンター[→25頁]のスタッフも協力し、告知後のフォローも行っている。おそらく、ど

う事実を隠し通すかと考えていた養育者が多いと思われるが、ど
のように事実を伝えるかという考え方に切り替えていただければ
と思う。

## 事件の告知をめぐる
## 日本社会の問題点

　加害者家族からの相談を聞く限り、子どもたちには告知をして
いなかったり、正確な事件の状況を伝えていない家族の方が多い
のではないかと感じる。また、積極的に事実を伝えようとする家
族はなく、どうすれば事実を知られずに済むかといった相談のほ
うが多いのが現状である。

　"parent in prison"といったキーワードで検索すると、子どもに
逮捕や収監の事実を伝えるためのガイドブック[→48頁]や子どもが
直接相談できるチャイルドラインなどの情報を多数見つけること
ができる。欧米諸国に溢れているこうした情報は、日本では皆無
である。

　欧米諸国では、受刑者と家族との外部交通を促進することが受
刑者の社会復帰に役立つと考えられており、民間団体との協働に
よって、受刑者と家族が面会しやすいような面会室を有する刑務
所も存在している。韓国ソウルでも一部の刑務所で同様の取り組
みがなされている[→71頁]。受刑者家族支援団体セウムがコーディ
ネートした面会待合室はまるで病院の待合室のようで、このよう
な空間であれば幼い子どもを連れてきてもよいと感じるであろう。

　一方日本では、刑務所を子どもに見せることは教育上よくない
と考えられてきた傾向があり、こうした環境改善は進んでこなかっ
た。しかし、子どもたちが、家族である受刑者と面会する権利を
行使するための環境整備は日本においても必要である。

第 1 章　事件の告知と子どもの知る権利　105

子どもに家族の逮捕や収容の事実を伝えるツールや子どもが相談できる機関の情報、子どもが面会に行きやすいような刑事施設の環境が皆無である日本においては、告知の責任がすべて養育者にかかっている。

事件を告知することは、告知をする側にとっても大きな精神的負担を伴うことである。実際、事実を知ったショックから、自傷行為や自殺未遂をする子どもたちも存在するからである。告知後に、子どもだけではなく養育者をもフォローする体制がなければ、養育者は怖くて事実を伝えることなどできないであろう。

加害者家族の子どもに関する情報は、一般家庭のみならず、学校や児童相談所にも浸透しておらず、対応に苦慮している。告知をする大人は、必ず養育者でなければならないわけではない。医師や弁護士、学校の先生や子ども専門の支援者であってもよい。できるだけ多くの専門家らが関わり、養育者の精神的負担を軽減していく必要がある。そのために、加害者家族の子どもに関する権利については、加害者家族のみならず、社会全体で共有されなければならない問題である。


# おわりに

家族が罪を犯した事実は、だれにとっても受け入れがたい事実であろう。事実を知った子どもたちは、劣等感を抱いたり、悩むことも多いかもしれない。しかし、多くの人々とは異なる運命を背負っているからこそ育つ感性や優しさもあるはずである。傷つけないこと、悩ませないことが必ずしも子どもの成長にとってよいとは限らない。起きたことをなかったことにするのではなく、加害者家族の子どもたちが、いつか運命を肯定的に捉えられるようになるための支援こそが求められている。

# 第2章
# 収容されている親と子どもの交流支援

阿部恭子（NPO法人World Open Heart理事長）
監修：草場裕之（弁護士）

## はじめに

　一般的に、家族は加害者の更生の支え手と捉えられており、加害者家族支援が発展している諸外国でも刑事施設における被収容者と家族との面会促進に力が注がれている。

　しかし、個別のケースを見ていくと、家族が抱える問題はさまざまであり、子どもの成長にとって親子の交流が必ずしも良い影響をもたらすかどうかは、事件の背景や家族関係を丁寧にみて判断しなければならない。

　本章では、二つの事例をもとに、子どものニーズを中心とした家族の交流のあり方と支援について検討する。

# 事例①
## ——受刑者と子どもの面会交流[1]

## 1. 受刑中の母親と被害者である子どもの交流

　受刑者Aは、次男を出産してまもなく産後鬱になり、母子心中を図ったが母親は命を取り留めた。実刑判決が下されるにあたって夫と離婚し、長男の親権は夫に譲ることになった。Aは、子どもが亡くなり自分だけが生き残った申しわけなさから、長男を手放すことも致し方ないと考えていた。逮捕後、家族のことを相談する相手もおらず、諦めかけていたところWOHの存在を知り、気にかけていた長男のことを相談するにいたった。

　Aが事件を起こした理由として、夫の不在が大きかった。長男は成長するにつれて問題行動が増えてきたが、夫は育児にはまったく無関心だった。次男を妊娠したときは体調が悪かったが、夫が家事や育児に協力してくれることはなく、長男が学校で問題を起こしてもすべてAが一人で対応しなければならなかった。Aの両親はすでに他界しており、ほかに頼りにできる人はなく、Aは徐々に孤立を深めていった。Aは、無事に次男を出産したものの、うつ状態から回復することはなく、死ぬことしか考えられなくなり、次男を道連れに心中を図った。この時、長男は嫌だと言ったので、手をかけなかった。

　Aの夫は妻が逮捕された後、一度も面会に来ることはなく、手紙と一緒に離婚届が送られてきた。Aによると、夫は家事も育児

---

1　受刑者が外部の人と面会する場合は、刑事収容施設及び被収容者の処遇に関する法律に規定されている手続による（詳細は法務省ホームページ「刑事施設に収容されている被収容者との面会や手紙の発受等を希望される方へ」〔http://www.moj.go.jp/kyousei1/kyousei_kyouse37.html〕〔2019年2月21日アクセス〕を参照）。事例①では、同法の受刑者と子どもの面会の前提として、家庭裁判所に面会交流調停を申立てた（面会交流調停の詳細については裁判所ホームページ「面会交流調停」〔http://www.courts.go.jp/saiban/syurui_kazi/kazi_07_08/index.html〕〔2019年2月21日アクセス〕を参照）。

もまったくできないことから、長男が家庭で放置されているのではないかと気にかかっていた。また、長男は母親になついていたことから、自分に会いたがっているのではないかと心配していた。謝罪の手紙と一緒に、元夫に長男の状況を教えてほしいという手紙を送ったこともあったが、返事が返ってくることはなかった。

WOHでは、Aの弁護を担当した弁護士に話を聞くなどして事実を確認し、WOHの顧問弁護士がAの代理人となり、家庭裁判所に面会交流調停事件の申立てを行った。

面会交流をとおしてあきらかになったことは、長男は夫が仕事をしている間は夫の両親が面倒をみており、学校生活においてもとくに問題なく生活しているということだった。事件後、母親に会いたがる様子はなく、むしろ、今は落ちついた生活をしているのでしばらくはそっとしておいてほしいという返答があった。

状況がわかったことでAは納得した。長男に対して、誕生日のお祝いや手紙を送ることの許可が出たことから、間接的ではあるが長男との交流が復活することになった。

## 2. 検討——受刑者と子どもとの交流について

本件は、事件が母子心中であり、事件後、離婚した夫が長男を養育しているケースである。これまでにWOHが関わった母子心中事件では、夫によるDVやネグレクトが事件の背景に存在したことから、まず事件の背景を調査し子どもの安全を確認する必要があると思われた。面会交流調停を通じて、長男の成長の様子を確認することができ、養育者にWOHの存在を伝えたことによって、成長とともに子どもから母親との交流のニーズが出た場合、対応できる体制を作ることができた。

受刑者のなかでも、母親である女性受刑者が子どもとの交流を望むケースは多くみられる。しかし、一方的な受刑者からの要求に、養育者が戸惑っているケースも少なくない。塀の中では子どもに

会いたがっていたにもかかわらず、社会に戻ってきた途端、放置するといった無責任な母親に悩まされている家族からの相談もたびたび寄せられている。

　親子の面会は、受刑者の更生ではなく、あくまで子どものニーズを中心として実施されるべきであり、交流にあたっての適正な頻度や関わり方を導くためには、事件の背景や家族関係を丁寧に見ていく必要がある。

# 事例②
──累犯者の母親と子どもの交流

## 1. 母子の面会を勧める夫の魂胆

　相談者Bの妻Cは薬物依存症で薬物使用により2度目の受刑中である。結婚して出産した直後はしばらく落ちついており、まさかの逮捕に家族はショックを受けていた。夫であるBは、3歳の息子を連れて、定期的に面会に訪れていた。Bが仕事をしている間、息子の面倒をみているのはBの母親である。Bの母親は、しばらく回復が見込めないCの様子を心配し、本心では離婚してほしいと思っている。Cも自分の力だけでは回復は難しいことを自覚しており、出所後は自宅ではなく回復のための施設に入ることを決めていた。しばらくは息子の面倒をみることは難しく、先のことも約束できないことから、けじめとして離婚すべきではないかとBに相談していた。幸い、BとC双方の両親はまだ元気であることから、息子が成長するまで協力して面倒をみる考えだという。それでも、Bは離婚に納得しなかった。理由は、息子が母親に会いたがっており、息子から母親を取り上げるわけにはいかないというのだ。

　受刑者Cに面会すると、Cもまた夫の対応に悩んでいた。夫が

離婚しない本音は、おそらく一人で息子を育てる自信がないのだという。夫は母親への依存が強く、過干渉気味の母親に育てられており、息子が母親不在で育つというイメージがどうしても持てないのだ。Cが薬物を求めた背景には少なからず嫁姑問題が関係していた。しかし、Bの母親は孫の面倒をよくみており、今の自分の状況を考えると養育を任せたほうが子どものためであると考えていた。それでも、面会室で息子に会うたびに離れたくないという感情が芽生えてしまい、このままではまた同じことの繰り返しになってしまうのではないかという危機感を持つようになっていた。面会を拒否したほうがよいと思いつつも、自分から断ることができないまま受刑生活が過ぎてしまっているという。

　問題は、妻に依存しているBの行動だった。Cが、ようやく子どものために距離を置くことを決意しても、Bが常にその決意を揺るがすような行動に出ているのだった。Bは、薬物依存についての理解が浅く、妻が自助グループの情報を見つけても悪い仲間と知り合うだけだと言って参加することを止めていた。これまでも、「結婚すれば治る」「子どもができれば治る」と言って問題を先送りにしてきたのだ。

　Bはプライドが高く、自助グループや加害者家族の会といったピア・カウンセリングで体験をシェアすることを頑なに拒んだが、筆者と面談を重ねるうちに、徐々に考え方を変えるようになった。

　Cとの面会は、二人で話し合って回数を決め、息子には、母親であるCと離れて生活しなければならないことをきちんと伝えていくことを約束した。

## 2.　検討——長期的視点からの子どものニーズ

　Bは、「子どもが母親に会いたがっている」「家族の存在は受刑者の更生に役立つ」などと自分に都合のよい情報を集めて、母親不在で子育てをしていく覚悟がないことを正当化しようとしていた。

突然、母親に会えなくなってしまった子どもが母親を求めることは自然である。母子が面会すること自体には問題はない。しかし、Bが面会に子どもを連れて行く目的の裏には、出所後、すぐに妻に戻って来て子どもの面倒をみてもらおうという魂胆があった。Cもその魂胆を見抜きながらも、日々成長する息子の姿を見れば見るほど早く一緒に暮らしたいという感情から回復施設ではなく家に戻るほうに感情が揺れてしまっていた。

　「家族のために薬を止める」ことが難しいことは前科が証明してきた。子どもを中心に、長期的な視点で、BとCそれぞれの幸せを考えるならば、まずCが薬物依存症から回復し、家族は事件に巻き込まれず、回復を見守る距離で生活ができることである。

　子どものニーズを考えるにあたっては、一時的な欲求に囚われず、長期的な視点で検討することが必要であり、事例①［→108頁］と同様に、介入にあたっては事件の背景にアプローチする必要がある。


# おわりに

　犯罪の一つひとつを見ていくと、「親子」といえどもその関係は実にさまざまである。実際、家族の形や関係も個人のようにさまざまであり、家族支援において最も危険なのは、家族はこうあるべきという概念に囚われて行動することである。受刑者の外部交通を促進することは、受刑者の更生や社会復帰に役立つことではあるが、家族の存在が絶対であるとは限らず、何よりもまず、家族の主体的な意思が尊重されなくてはならない。

# 第3章
# 加害者家族の児童・生徒への支援——学校との連携のあり方

阿部恭子（NPO法人World Open Heart理事長）
駒場優子（臨床心理士）
相澤雅彦（臨床心理士）

## はじめに

　加害者家族の子どもたちの支援として無視できない現場は学校である。事件の影響は、加害者の子どもたちが通う学校にまで及んでしまうことがあるが、学校は事件の影響を排除し、子どもたちの教育を受ける権利を保障しなければならない。

　本章では、加害者家族の児童・生徒が通う学校において求められることは何か、また、専門職や民間団体とどのような連携ができるかを検討する。

## 事例①
——重大事件の児童・生徒への影響

### 1．転校を余儀なくされる子どもたち

　小学校に通うＡの父親は、金銭トラブルから殺人事件を起こしてしまう。自宅付近には報道陣が詰めかけ、Ａと母親は避難生活を余儀なくされる。しかし、いつまでもＡを学校に行かせないわけにはいないと母親は学校に連絡を入れた。学校の対応は冷淡で、

Aを学校には来させないでほしいというのだ。事件が重大だっただけに、母親は転校は仕方ないと思い、最後にクラスメートにお別れを言わせてほしいと頼んだ。しかし、学校側は拒否。母親は、友達に会いたいと泣くAを誰もいない真夜中の校庭に連れて行き、Aは校庭を駆け回ってクラスメートにさよならを言ったという。

## 2. 巻き込まれる生徒たち[1]

2003年に起きた長崎男児誘拐殺人事件で、インターネット上で加害生徒の通う学校名が暴露され、「犯罪者を育てた学校」などと学校に嫌がらせの電話が殺到した。加害生徒と同じ制服を着た生徒たちが通学路で襲われるといった事件まで起き、学校ではマスコミから撮影されることを避けるために窓やカーテンを閉め切って授業が行われ、体育ではプールの授業も中止になっていた。

## 3. 暴かれる兄弟姉妹のプライバシー

殺人や放火の罪で逮捕された少年Bには高校に通う兄弟がいた。兄弟の氏名や通っている学校名がインターネット上で暴露され、兄弟も犯行に加担していたという噂まで流れ出した。

兄弟は学業を続けることができずに退学。学校側としては、兄弟に対する配慮は何もなかった。

## 4. 検討——教育を受ける権利の保障

「1. 転校を余儀なくされる子どもたち」[→113頁]のように、義務教育過程において、家族が罪を犯したことによって転校を余儀なくされる子どもは後を絶たない。重大事件の場合、学校側の対応がたとえ憲法26条の保障する教育を受ける権利の侵害であっても、保護者は泣き寝入りせざるをえなかった。

---

1　鈴木伸元著『加害者家族』(幻冬舎新書、2010年)83〜84頁参照。

現実的に、子どもの将来を考えて、転校という選択は間違ってはいない。しかし、問題は、転校までのプロセスである。本件では、週刊誌の記者が通学路にあらわれ、犯人の子どもと同年齢の子どもを捕まえてインタビューをしており、PTAなどから学校に苦情が入り、学校も対応に苦慮していたという。こうした事態に慣れていない学校としては、子どもを守る責任を放棄して加害者家族に責任を押しつけることによって問題を解決している。

　2001年12月6日、新聞協会は、「集団的過熱取材に関する日本新聞編集委員会の見解」として、

　　1．いやがる当事者や関係者を集団で強引に包囲した状態での
　　　　取材は行うべきではない。相手が小学生や幼児の場合は、取
　　　　材方法に特段の配慮を要する。
　　2．通夜葬儀、遺体搬送などを取材する場合、遺族や関係者の
　　　　心情を踏みにじらないよう十分配慮するとともに、服装や態
　　　　度などにも留意する。
　　3．住宅街や学校、病院など、静穏が求められる場所における
　　　　取材では、取材車の駐車方法も含め、近隣の交通や静穏を阻害
　　　　しないよう留意する。

と取材方法に注意するといった見解を示し、日本民間放送連盟も[2]同様の指針を加盟各社に示している。[3]

　記者クラブに加盟していない記者などが、執拗な取材をすることもあるかもしれないが、多くの場合、メディアスクラムはそれほど長くは続かない。問題となるのは、むしろ取材陣への直接的対応よりも、報道の影響によるPTAや地域住民からの苦情である。

---

2　[https://www.pressnet.or.jp/statement/report/011206_66.html]（2019年1月15日アクセス）。
3　[https://www.j-ba.or.jp/category/topics/jba100553]（2019年1月15日アクセス）。

学校のリスクマネージメントとして、こうしたクレーム対応をマニュアル化しておくことも重要である。

　野次馬なども出没することから、「２．巻き込まれる生徒たち」[→114頁]のような事態が生じていれば、警察へのパトロールなどを要請すべきではないかと思われる。

　そのうえで、罪のない子どもが納得のいくような別れの機会を作ることはそれほど困難ではないはずである。子どもに罪はないのだという教育こそが求められているのではないだろうか。

　「３．暴かれる兄弟姉妹のプライバシー」[→114頁]のように、兄弟姉妹の通う学校が特定され、通学困難になる子どもたちも後を絶たない。学校に迷惑をかけることを心配して退学するケースが多いが、家族の事情によって一時的に通学が難しくなってしまった生徒に対して、一定期間の自宅学習による単位の認定といった措置も検討されるべきではないだろうか。


# 事例②
——兄が性犯罪で逮捕された弟妹への支援

## 1. 犯人と似ている弟へのいじめ

　17歳のＣは、近所に住む後輩の中学生に路上で抱きつき、強姦未遂罪で逮捕された。Ｃは、他にも近所で下着泥棒や児童への痴漢行為を繰り返しており、住居侵入、窃盗罪や強制わいせつ罪の余罪が見つかり逮捕が続いた。

　犯行はすべて近所で起きており、被害者からは転居の要望が出た。Ｃには弟と妹がおり、いずれも近所の中学校に通っていた。保護者である両親は、兄弟が転校したくないと言っていることに加えて、自宅は購入したばかりであることから経済的にも転居は避けたかった。

両親は、事件を起こす前からひきこもりだったＣに手を焼いており、今回の事件が起きたことで、息子に対し、家族としての限界を感じるようになっていた。そこで、Ｃを自宅に引き取ることはせずに、県外の祖父母の家を帰住地として、治療のための病院に通わせることを被害者に約束し、転居の話は見送られた。

　しかし、事件の被害者の中には、Ｃの弟と妹が通う中学校の生徒もいた。ある日、被害者の生徒がＣの弟を学校で見かけたところ、Ｃにそっくりな風貌であることから、事件を思い出しパニックになったという事件が起きた。

　この事件をきっかけとして、兄妹が通う中学校には事件のことが伝わってしまった。弟は、女子生徒から避けられたり、集団で悪口を言われるようになった。妹は、事件の噂が流れた次の日から恥ずかしくて学校に行くことができなくなった。

　妹が引きこもるようになってから、両親は学校に相談に行ったが、学校側としては被害者のケアで精一杯であり、加害者の兄弟までケアする余裕はないと言われてしまった。教頭からは、転校を進められた。

　Ｃは、事件前から兄妹も通う中学校付近でうろついたり、女子生徒に声をかけたりしている姿を目撃されており、以前から噂になっていたという。弟は、容姿がよくＣに似ており、間違える生徒もいるほどだった。

　弟へのいじめや嫌がらせもエスカレートし、弟も不登校になってしまった。両親は、ようやく転居する決意をし、県外の祖父母の自宅近くに転居をした。

　Ｃは、１年６カ月の少年院送致となり、両親の悩みは出院後、再犯によって兄妹の生活にまた影響が出ないかということである。

## 2. 検討——子ども支援の視点からの課題

### (1) SC、SSWとの情報共有

少年の保護者、付添人、支援者、いずれからでもよいが、事件の状況について兄弟姉妹の在籍する中学校の管理職、SC（スクールカウンセラー）、SSW（スクールソーシャルワーカー）に伝えておく。

少年事件の流れも含めて、加害少年の置かれている状況について、家族が逮捕された後の流れをチャートで示すなどして関係者間で情報共有されていることが望ましい。多くの学校関係者は体験したことのないケースであることを想定して、加害少年の兄弟姉妹の置かれている被害者的立場について丁寧に解説することが重要である。

その際の兄弟姉妹への対応としては、サイコロジカル・ファーストエイドの 考え方が役に立つことも付け加えたい。また、日常生活がどのような質で継続されているのか否か、については養護教諭などは確認しやすい立場にあるだろう。家族の逮捕や事件の発生直後の時期には、巻き込まれた子ども達、兄弟らの危機介入が優先され、心理治療は、現実が落ちついてからのスタートとなるだろう。

### (2) 学校内外での支援体制の構築

事件、逮捕当時の在籍校から転校した場合、家族として受ける影響についても、守秘義務があるSCや養護教諭には事実を伝え、

---

4　サイコロジカル・ファーストエイド（Psychological First Aid; PFA）：深刻な危機的出来事に見舞われた人に対して行う、人道的、支持的、かつ実際的な支援のこと。PFAには心理的支援だけではなく、社会的支援も含まれる（Leslie Snider, Mark van Ommeren , Alison Schafer編著／金吉晴、鈴木友理子監訳『心理的応急処置〔サイコロジカル・ファーストエイド：PFA〕フィールド・ガイド』3頁〔https://saigai-kokoro.ncnp.go.jp/pdf/who_pfa_guide.pdf〕〔2019年2月15日アクセス〕）。
5　子どものためのサイコロジカル・ファーストエイドについて、セーブ・ザ・チルドレン「子どものための心理的応急処置」〔http://www.savechildren.or.jp/lp/pfa/〕（2019年2月15日アクセス）を参照されたい。

新生活を見守ってもらうことも大切な支援である。学校内の支援者を作っておくことが基本となるだろうと考えられるが、さまざまな事情で伝えられない場合、学校外に心理的な支援者が最低限必要である。家族のなかで起きた出来事であり、加害者の子どもや兄弟姉妹には罪がないことであっても、大抵の場合、それでも自分自身を責めるような感情を持つものである。事件や逮捕直後から、「あなたに責任はない」ということを繰り返し伝え、彼らを守る必要がある。

　事件や逮捕がきっかけとなって学校内で不適応が起こること自体が、加害者の子どもや兄弟姉妹におよぶ被害である。不適応とは、心理的影響から基本的な生活が送れないこと（睡眠、食事、学習等に変化が起こる）、本人が抑うつ的になり学校生活や学習、活動に向かうエネルギーに問題が生じること、身体的な症状が現れること、事件後、対人関係に変化が起こること、不和が生じること、差別を受けること、安心して生活できなくなること、などを含むであろう。

　被害者対応に追われて加害者家族の支援まですることはできないとの学校の説明は、所属する生徒が学校生活のなかで生じている不都合を解消する努力を果たす合理的な配慮を怠っていることとなる。学校に説明を求めても十分な理解を得られない際の相談先としてSCに話をすることは一つの解決策となろう。校長や副校長、その他の教員が非協力的な現実を変えるような力はSCにはないが、教育委員会や区の窓口、児童相談所や法律家といった外部機関への相談のつなぎとなることは可能である。

　SCの家庭訪問が許可されていない自治体もある。不登校が続いて児童生徒の様子が把握できない、保護者が学校に相談に訪れることができない、もしくは拒否的である場合には家庭に介入することのできるSSWへの支援を求めることとなろう。衣食住の不足や金銭的な支援の必要性、長期間にわたる支援の必要性が生じる

場合にも福祉的な支援を求めることが有用である。

現実的な適応はSSWが、心理的な理解や治療的な関わりにはSC
が関わることが求められよう。


# おわりに

重大事件発生後、加害者家族の児童・生徒の対応に関する学校か
らの問い合わせも増えている。現場の職員からは、被害児童・生
徒に関する研修を受けたことはあるが、加害者側の子どもの事例
は想定外だったという本音も寄せられている。しかし、現実には、
地域で犯罪が起きた場合、被害者側の子どもと加害者側の子ども
が同じ学校に通っているというケースも少なくはないことから、
双方への対応が必要となっている。

現状は、周囲に迷惑をかけないようにと加害者家族がひっそり
と地域を離れるケースがほとんどであるが、家庭の事情によって
は転居が困難なケースも想定される。学校現場においては、被害・
加害という枠組みに囚われずに、犯罪に巻き込まれた子どもたち
のケアが実行される体制が構築されなければならない。

# 第4章
# 加害者家族の子どもたちと地域社会——地域における連携可能性と限界

### 阿部恭子（NPO法人World Open Heart理事長）

## はじめに

　加害者家族からの相談は全国各地から寄せられており、筆者はこれまでさまざまな地域に足を運んできた。都市部より地方のほうが、事件が人々の生活に与える影響が大きく、狭いコミュニティゆえに人間関係が複雑化し、介入の必要性が高いことが明らかとなっている。

　本章では、学校現場以外で加害者家族の子どもたちと関わる行政機関、民間団体との連携事例をもとに、さらなる発展の可能性と限界について論じる。

## 事例①
——被収容者の子どもへの介入

### 1. 被告人からの相談

　筆者は、地方の拘置所に収容されている未決囚Ａさんの弁護人から連絡を受け、児童相談所で生活している長女の相談に乗ってほしいという依頼を受けた。

筆者は、Ａさんの弁護人から事件の概要を聞いたうえで、Ａさんと面会をした。Ａさんは殺人事件を起こしており、殺意はなかったと主張しているが認められず、長期間の服役になることが予想された。Ａさんは、受刑者となり外部交通が制限される前に、長女との交流のあり方について相談したいということだった。

　事件以前、Ａさんは長女と二人で生活をしており、実母は長女が生まれてすぐ産後鬱になり養育を拒否したため離婚。そのほかの親族は、事件の影響でＡさんとの関わりを拒絶しており、長女は施設入所となった。

　事件当時、長女は５歳。事件は地元で大きく報道されていることから、成長とともに、どのような影響が出てくるのかを心配しており、長期的に見守ってほしいということだった。Ａさんは、長女をあくまで施設ではなく家庭で養育することを希望しており、親族ともう一度話をしてほしいとも話していた。

　筆者は、依頼された内容を持ち帰り、Ａさんの弁護人と面談するなどして、可能な範囲で事件に関する情報を集め、親族の状況などを調査した。報道の大きさから判断するに、Ａさんの親族も事件に巻き込まれており、長女を養育できるような精神的・経済的余裕はないと思われた。

　余裕のない状況で無理に養育を進めることによって、子どもへの八つ当たりや虐待に発展しているケースもあり、家庭における問題の方が外部からはわかりにくく介入が困難な場合も多い。Ａさんにこのような家庭の養育におけるデメリットを伝えると、考え方が変わったと話していた。

　WOHでは、被収容者に代わって誕生日やクリスマスなどのお祝いを選んで子どもに送るといった支援を行っており、年に一回、長女に誕生日プレゼントを届けることを約束した。Ａさんは、定期的に長女に手紙を送っており、WOHでは、発達段階に応じて、事件の告知や説明に関する相談を受け対応を引き受けることにし

ている。

## 2. 検討——児童相談所との連携

　長女の誕生日プレゼントの送付に関して、Ａさんから児童相談所宛てにWOHに長女の支援を依頼した旨の文書を送付し、誕生日に間に合うように絵本を送った。後日、担当者から連絡があり、Ａさんからの文書を受け取ったことと、プレゼントの送付にあたってWOHの存在をどのように伝えるかといったことを相談した。WOHについては、「お父さんが頼りにしている先生」と紹介してもらい、毎年、誕生日プレゼントを届ける旨を確認した。施設では、受刑者と文書での連絡しかできないことから、事務的で冷たい印象しか持つことができず、子どもが冷遇されているのではと不安に感じている受刑者の声を聞くことがある。本件において、担当者と直接話ができたことで丁寧な対応が確認でき、長期的に続く子どもへの支援の道筋が開けてきたように感じた。

　WOHが対応してきた案件では、加害者家族の子どもたちは家庭で養育されているケースが圧倒的に多く、施設にいる子どもとの交流事例は少ない。虐待など子どもの問題を専門とするジャーナリストの小宮純一氏は、加害者家族の子どもの状況について、児童相談所の職員や治療にあたった医療関係者に取材したところ、実際、児童養護施設で対応したケースも数件紹介されたという。「加害者家族の子ども」というカテゴリーで調査されたデータはないが、対象者は数多く存在すると思われ、子どもたちが抱えている問題は複雑であると推測される。児童養護を管轄する厚生労働省子ども家庭局も実態をつかんでおらず、同局も現状を把握する意義を前向きに検討したうえで、児童養護施設を中心に聞き取りやアンケート調査を行い、実態把握を急ぐべきだと主張している[→152頁]。

# 事例②
——地域住民が母子を支えたケース

## 1. 地域住民による子どもの保護

　東北地方に住むBさん（30代）は、10歳のころに父親が交通死亡事故を起こして亡くなり、生活は一変した。事故の責任が父にあった事実が判明すると、会社の人々も親族も手のひらを返したように残された家族を冷遇した。

　自宅を売却し、母子は小さなアパートで生活することになった。母親は夜の仕事をするようになり、家に戻って来ない日もあった。長男のBさんは、幼い二人の弟たちの面倒をみなければならなかった。父の死後、Bさんが覚えている母親は酒に酔って泣いている姿だけだという。近い間柄の人々こそ、父が加害者であるゆえに遠ざけ、亡くなった悲しみに共感を示してくれるものはいなかった。

　精神不安定で育児放棄気味の母親を支えてくれたのは、アパートの大家さん一家だった。大家さんは、Bさんが暮らすアパートの隣に住んでおり、お腹を空かせたBさんたち兄弟に食事を出してくれた。Bさんは、「おばあちゃん」と呼んでいた大家さんに料理や洗濯の仕方を教わり、母親に頼らなくても生活できるようになっていった。大家さんは、Bさんが通う学校の先生とも知り合いで、一家の事情を学校側に伝え、給食費の滞納といった子どもだけではどうにもならない問題を一緒に解決してくれていた。それから、担任の先生や保健の先生もBさん兄弟のことを気にかけてくれるようになったという。

　しかし、母親の様子は悪くなる一方だった。仕事にも行かなくなり、家で酒を飲んで寝ているだけだった。いつしか、母親の食事も洗濯もすべてBさんが担うようになっていた。ある時、大家さんは地域の人々の協力を得て、Bさんの母親を病院に入院させ

124　第3部　加害者家族の子どもたちへの社会的支援

ることにした。入院してから母親の症状はだいぶよくなり、事件前の表情が戻ってくるようになったという。また、生活保護が支給されるようになり一家の暮らし向きはだいぶよくなった。しばらくの間、Ｂさんは大家さんに相談しながら家計の管理をしていた。

　通院によって母親の精神状態も回復し、一家は事件前のような生活を取り戻すことができた。Ｂさんによると、大家さん一家、学校、病院など地域の人々が協力して一家を支えてくれた。その甲斐あって、兄弟三人、とくに問題を起こすこともなく無事に成人を迎えることができたという。

### 2．検討——地元の名士をリーダーとした働きかけ

　Ｂさんのケースでは、地元の名士でもあった大家さんが主導となり、民生委員などと連携して学校や病院を繋ぐ役割を果たしてくれた。母親の育児放棄によって、食事さえままならなかった子どもたちを食卓に迎えているが、現在では「子ども食堂」などがこうした子どもたちの受け皿として機能してくれることを期待したい。この大家さんは物資や情報を与えるだけにとどまらず、Ｂさん兄弟にお金の管理方法や家事の仕方を教え、自立した生活ができるように導いてくれたことは特筆すべきことである。地域の民生委員や保護司にも子どもを守るリーダーシップを期待するところである。

# 事例③
——都市から地方への転居で失敗したケース

## 1．田舎の生活に馴染めない親子

　関東で生活をしていたＣさん（30代）は、夫が会社の金を横領し逮捕されたことをきっかけに離婚し、7歳の息子を連れて東北地

方の田舎に移り住むことになった。Cさんの夫の事件は、地元メディアが逮捕の事実を伝えただけで、大きく報道されたわけではなかった。しかし、一家の働き手を失ったことで自宅は売却しなければならず、息子が通っていた私立学校も転校しなければならなくなった。同時に交友関係も失うことになり、Cさん一家は気まずさから逃げるように地方へと転居した。

　Cさんは、人間関係の希薄な都会より、田舎での生活が事件後の家族を癒してくれることを期待した。転居先の地域には親戚もおり、まったく馴染みがないわけではなかったが、震災の影響で当時とは景色も住民もすっかり変わってしまっていた。

　東日本大震災から約1年、現地はまだ混乱の中にあった。託児所や子どもの心のケア、学習支援など震災対応の支援団体が多数活動しており、筆者は、これらの団体が地域での加害者家族の受け皿となってくれるのではないかと考えた。しかし、現実はそううまくはいかなかった。被災地の子ども支援を行ういくつかの団体のスタッフと話をしたところ、「加害者家族」という想定外の存在に混乱を示す人もおり、理解を得るまでには時間を要すると感じた。

　夏休みを利用して転居してきたCさん親子は、地域に馴染むことができずにいた。Cさんが幼いころ、訪問し楽しい思い出を作った地域のイメージとはかけ離れた場所だった。都会で育ってきた息子は地元の子どもたちと接することを嫌がった。近所の人々は愛想よく接してはくれるのだが、Cさんは転居してきた理由をしつこく聞かれることが苦痛に感じることがあった。

　地域の人々は、それなりに母子に気を遣い、息子にお菓子をくれたり遊びに誘ってくれるのだが、息子は大人たちの親切を素直には受け入れず、すぐに嫌われ者になってしまった。

　「家に帰りたい、パパに会いたい」と言って泣く息子に、Cさんは悩んだ。さらに、公共交通機関が発達していない地域で、ペー

パードライバーのＣさんはなかなか仕事を見つけることができずにいた。

　頼りにしてきた親戚も面倒をみてくれることはなく、Ｃさん親子は地域で孤立していった。息子は、どうしても地域の学校には行きなくないといって聞かなかった。

　筆者は、田舎ではなく都市部にあらためて転居することを提案すると、息子はせめて関東で生活をして収容されている父親に時々会いたいと主張した。

　Ｃさんは、結局仕事を見つけることができず、事件前に生活していた隣の県に再度引っ越すことを決意した。仕事もすぐに見つかり、シングルマザーのコミュニティとつながることができた。息子も転校先の学校を嫌がることなく、落ちついた生活を送ることができている。

## 2. 検討——子どもが適応しやすい環境

　都市から地方に転居したＣさんのケースでは、Ｃさん親子が田舎に求めていた期待は裏切られ、結果、地域で孤立してしまうことになった。だれしも新しい環境に馴染むには時間を要することから、その土地で生活を続けるべきか否かの見極めが重要となる。

　重大事件の加害者家族は、事件後、何度か転居を繰り返しているケースが少なくない。一度目の転居は緊急避難的な移動であり、徐々に生活しやすい環境を探していくのである。経済的、体力的に可能であるならば、移住してみて暮らしやすさを実感できる地域に落ちつくのがよいであろう。

　本件は、夏休み中の移住であったことから、再度の転居が子どもの教育の妨げにはならずにうまく生活を落ちつかせることができた。

　筆者は、加害者家族が移住する場合、できるだけ都市部を選ぶことを勧めている。都市部では、仕事の選択肢が多く、事情を伏

せたまま関わることができるコミュニティが多数存在しているからである。仕事や娯楽などの選択肢が少ない地方において、頼みの綱は「人」である。面倒見のよい親戚がいたり、支援団体が存在するなど、コミュニティに導いてくれる人がいるかどうかによって、暮らしやすさは大きく変化するであろう。また、本件のように事件発生からから間もない加害者家族にとって、見ず知らずの人に対してオープンになることは難しく、感情がついていかないことも地域住民との距離を深めることになった。

転居先を考えるにあたっては、事件前とできるかぎり近い環境のほうが子どもは適応しやすいと思われる。親族を頼って転居先を決める人々も少なくない。しかし、最初は同情心から暖かく迎え入れてくれた親族が、次第に余裕がなくなり、関係が悪くなるケースも数多く存在している。


# おわりに──「地域で支える」ことの難しさ

震災後、とくに、「地域の繋がり」のような言葉をよく耳にするようになった。「地域で子育て」という課題もよく言われる。ところで、「地域」とは何か。ここでは、加害者家族を取り巻く周囲の人々であり、地域の支援とは、事件が起きた地域において、加害者家族を差別や貧困から守ってくれるような動きが起こることである。

地域住民から排除される加害者家族が存在する一方、加害者家族を保護しようという動きも存在している。しかし、加害者家族にいろいろと世話を焼いてくれる地域の人が、マスコミに情報を漏らしていたり、過剰な気遣いが加害者家族にとって精神的負担になっていることもある。

加害者家族支援においては、家族の犯歴といった公にしにくい

デリケートな問題を抱えていることから、地域に対して直接的な介入を期待するより、外部の支援者がリーダーシップを取り加害者家族のプライバシーに配慮しながら孤立させない仕組みを作っていく努力をすることが望ましいと思われる。

　事件が起きた際に、支援体制が構築されるよう、日頃から保護司会など各地域で活動している人々や団体との意見交換の機会を絶やさないことが重要である。

## コラム③
# 書籍紹介

タニア・クラスニアンスキ著／吉田春美訳
『ナチの子どもたち　第三帝国指導者の父のもとに生まれて』
（原書房、2017年）

　私が最初に加害者家族の存在に関心を持ったのは小学校４年生のころだ。作文の課題図書で『アンネの日記』を読み、戦時中の独裁政権下で犠牲になる子どもたちの生活を知ったとき、敗戦後、加害者側の家族として育っていたナチスの子どもたちはどのような状況に置かれたのか気になりだしたのだ。

　私は幼いなりに、このテーマを調べようと図書館に通った。当時、東北大学の学生に相談してもナチスの家族に関する文献は少ないと言われ、問題提起に意義があるのではないかというヒントをもらい、翌年、「悪人の家族の将来」と題した作文を書いた。

「もし、私の父がナチスの仕事をしていたら、戦争が終わった後の人生を、私はどう生きたらよいのでしょうか。社会でどう振る舞ったらよいのでしょうか。私も、いろんな人に謝らなければならないのでしょうか。父を憎むでしょうか。憎むことができるのでしょうか。『父の娘』ではない生き方は選べないのでしょうか。正しい答えはあるのでしょうか……」

　生き方、答えはひとつではない。そう教えてくれるのが本書である。
　戦犯への罪として、戦時中、家族に与えられていた特権がある

ならば剥奪されなければならない。しかし、戦犯やその家族の人権を奪うことがあってはならない。

　ナチスの子どもであっても、他の子どもたちと同じように生きる権利があるはずだ。ホロコーストの実態が浮き彫りになるなかで、空気を破ってこう主張した人はどれだけいたのだろうか。一歩間違えれば、ナチス擁護と誤解されかねない。

　加害者の子どもたちにはケアが必要だった。その担い手は、精神科医とは限らない。むしろ、子どもたちに必要なのは特別視することも同情することもなく、対等な立場で、他の子どもたちと同じであると感じることができる空間なのだ。一人の人間として、親を愛する気持ちを受け止め、あなたはあなたらしく生きて行ってよいと、そばで支え続けてくれる仲間の存在である。

　差別は新たな差別を生み、受容こそが生きやすい未来を作る。試されているのは、子どもたちではなく、彼らを取り巻く社会に生きる一人ひとりである。

阿部恭子

# 第4部

## 加害者家族の
## 子どもたちへの
## 心理的支援

# 第1章
# 子どもを中心とした
# 心理的支援のあり方

相澤雅彦（臨床心理士）

## 子どもが加害者に
## 巻き込まれた際に

　家族の誰かが加害におよんだとき、その家族の一員として子どもが存在するケースがある。第三者から見れば犯罪に及んだ加害者は身勝手であり、その罪を許すことはできないと強く感じるであろう。しかし、加害者が家族であれば、「優しくて頼りになるお父さん・お母さん」であったり、兄弟姉妹であれば「幼いときから一緒に時間を過ごしてきた頼りになる人」という関係性であったりすることが少なくない。家族が事件を起こしたことによって逮捕・勾留されて状況を理解できないまま収監されていなくなってしまったり、警察が家宅捜索にやってきたり、マスコミの取材から逃れる必要に迫れれて日常的な生活が脅かされたりすることが可能性として考えられる。事件の直後には何事もなかったかのように振る舞っていたにもかかわらず、時間が経過した後に、事件があったという事実や事件の概要を知ることとなって、体調不良や対人関係の衝突や孤立、学業不振といったさまざまな不調が子どもに生じることが考えられる。このような影響は、たとえば子どもが事件の直後には特段問題がないように思えても、後に事件の概要を理解することができるようになったときに初めて症状化すると

いうように時を経て生じることがある。

　家族が加害を起こすという事態に巻き込まれることによって、程度の差はあれ子どもにとっては心的外傷を伴う体験となろう。その影響を心配して周囲の大人はその子どもが被っている影響を把握しようとする。学校であればスクールカウンセラーのような心理の専門家に対応を求めることとなるであろう。しかし多くの場合、大人が想定するような不安を子どもが明確に訴えることは少ないように思われる。大人に心配を悟られたくないと考えたり、話そうと思っても過剰な励ましや助言を受けることによって落ち込んだり不安を感じてはいけない、大人には理解してもらえない、と感じて子どもは口を閉ざす。そもそも自分の感じている不安や怒り、恥のような否定的な感情を言語化することは困難であり、表面的には事件前と変わらないか、それ以上に適応的に行動することも珍しくない。すると、大人としては「以外にしっかりとしている」とか「それほど心配する必要はない」と考えて安堵しようとする。子どもには、大人の側の子どもへの影響が少なくあってほしい、もしくは軽く見積もりたい、と考える意図は敏感に伝わるようである。

　事件直後は保護者を含む大人も混乱のさなかにあり、子どもの心身に生じているであろう外傷的な体験はなかったものとして扱われやすいと考えられる。このようないわば「過適応」と考えられるケースでは緊急対応時に求められる現実的な安全を確認するとともに、子どもの「こころ」の中に簡単には言葉にできない心情が動いているであろう可能性を想定しながら関わる必要が求められる。

　一般的な関心の向け方では心情の推察が困難な場合には臨床心理士や公認心理師のような心理の専門家に支援を要請することが役立つことも少ないのではないかと思われる。一方で、学校に行き渋ったり睡眠や食事のような日常生活の行動への不調を強く訴える場合も生じるであろう。このようなケースでは経過観察の時間

をいたずらに長引かせることなく福祉の支援を優先させつつ、心理的なケアの視点も並行させて進めることが求められよう。スクールソーシャルワーカー（SSW）や子ども家庭支援センターに福祉的な支援を要請することが有用となろう。いずれにせよ、子どもにとって何らかの被害が予測された際には躊躇することなく支援の要請を受ける窓口に情報をつなぐことが、重篤な事態を回避することになる。

# 子どもの行動と心情は<br>必ずしも一致しない

　子どもの呈する行動上の様子は、事件という結果から受ける影響の一側面でしかない。いわゆる「いい子」のような過適応的な振る舞いをすることもある。一方、「不安定な子」というような印象を抱かせるような非適応的な行動をとる子どももあろう。どちらにせよ心理的には事件によって引き起こされたさまざまな影響を敏感に受けた結果である可能性が高い。子どもにとって家族による加害という重篤な体験から生じた影響を無邪気にありのままに表現することはためらわれるようである。何事もなさそうに過ごしているように見えても、事件の影響を過小評価しないように心がけたい。

　また、忘れられがちなのは、当事者である加害者家族の子どもである当事者が必要とする支援とは何か、という問いを本人に確認するということである。直接質問しても、すぐに的確な求めが得られるとは限らない。しかし、最低限してほしいこと、してほしくないことを確認することを丁寧に問いかけることを心がけたい。

# 子どもと関わるにあたって

　加害者家族の支援に携わることとなった方は、子どもへの心配をするあまりに「大丈夫」と思う項目もしくは「大丈夫ではない」と思う項目に注目が偏り、多面的に子どもへの影響を把握できずに重要なサインを見過ごしてしまうことがあるかもしれない。ぜひ子どもの心身への変化に幅広く注意を払っていただきたい。前述のとおり子どもは言葉で自分の感じていることや困っていることを述べることが難しいことがある。子どもとの心理臨床では言葉によるやりとりだけではなく、遊びや表現を媒介とした心理療法を取り入れることも多い。言葉の表現以上に子どもはさまざまな表現を通して自己の心情を表現したり、みずから傷つきを回復する力を有していると考えられるからである。

　ランドレスは、プレイセラピーに取り組む際の基本姿勢として以下の10項目あげている。[1]

① 子どもたちは、大人のミニチュアではない。
② 子どもたちは人間である。
③ 子どもたちは、かけがえのない存在であり尊敬に値する。
④ 子どもたちには、回復力がある。
⑤ 子どもたちには生まれつき、成長と成熟に向かおうとする素質が備わっている。
⑥ 子どもたちは、積極的に自分で物事を方向づける能力がある。
⑦ 子どもたちの自然な言語は遊びである。
⑧ 子どもたちには、沈黙を守る権利がある。

---

1　ゲーリー・L・ランドレス著／山中康裕監訳『新版・プレイセラピー——関係性の営み』(日本評論社、2014年)38頁。

第1章　子どもを中心とした心理的支援のあり方　137

⑨　子どもたちは、治療的な体験を自分が必要とするところに
もっていくだろう。
⑩　子どもたちの成長をせかすことはできない。

　このような姿勢は心理療法的な関わりにとどまらず、子どもが
自分が生活する環境への安心を高め、自分の感じていることを自
然と表現することに与するであろう。加害者家族の子どもと接す
る際の参考にしていただきたい。

## おわりに ——子どもが直接相談に繋がらなくてもできること

　子どもが安心して接することのできるだれかと過ごす時間を通
して不安を理解しようとしてもらえたり、受容しようとしてもら
える体験が、心的な傷つきの回復に欠かせない。一時的に不適応
的な行動がみられることがあったとしても頭ごなしに問い詰めた
り適応的な行動を急いで求め過ぎないことが重要である。しかし、
事件と関連のあるような発言や行動を繰り返し行うことが認めら
れた場合には、傷ついた体験を再現している可能性が考えられる
ので、優しい口調で止めてあげたり、他の楽しみを感じられる活
動に誘ってあげたりするなどして、事件によって生じているであ
ろう心的外傷体験のフラッシュバックのような状態から心身の安
全を感じられるような状態に切り替えてあげるとよいと思われる。
　心配を感じるようであれば子どもを専門とした医療機関や心理
診療を受けることのできる機関に早めに相談していただきたい。
どんなに困っていても子どもが主体的に専門機関に訪れることを
希望することはまれである。渋々でも医療機関やスクールカウン
セラーのような身近な専門機関に相談に行くことができれば十分
である。実母や実父といった血縁関係の支援が必ずしも当事者で

ある子どもの安心につながるとも限らない。家族という関係性の
なかでケアを維持しなければならにということはなく、本人が希
望する関わりをできるだけ多く提供できることが肝要である。た
とえば、周囲の大人が必要性を感じて促しても、当事者である子
どもが明確に第三者の相談を希望しないときには無理に来談を強
要せず、周囲の大人が当事者として専門機関に相談することで、
子どもへの関わり方を検討し本人の回復を支援することは十分可
能である。子どもに直接接する機会の多い大人の傷つきをケアす
ることが、子どもへの良質なケアに求められることもあろう。こ
のようなケースでは、家族療法[2]や短期療法[3]を治療的な技法として
提供することのできる機関を探すことで、効果的な関わりを検討
することにつながると思われる。

　事件直後は変化がないようであっても、時間が経過してから心
身への影響が生じることもある。子どもが変化する力は大人が想
定するよりも力強いが、右肩上がりの好転とは異なり柔軟な対応
が必要となる。成人して初めて不調を訴えるようなケースもある。
子どもへの支援というと年齢的に幼い時期になされるものという
イメージが生じようが、長期的な支援の必要性があることをぜひ
知っておいていただきたい。

---

2　家族療法：問題となっている事象を原因と結果といったような直線的な因果関係に求めず、
システムズアプローチにという円環的な視点から理解し対応する心理療法である。現在の問
題は、互いに影響を与え合う悪循環のなかで生じており、問題を抱えた家族成員を従来のク
ライエントという呼び方ではなく、家族を代表して問題を表現している人という意味で、IP
（Identified Patient; 患者とみなされた人）と呼ぶ。
3　短期療法：原因を過去の対人関係や心理的な要因の改善に求めるというよりも、すでに
生じている問題の軽減に与している行動や状況を特定して、具体的で効率的な解決を目指す
心理療法の技法である。

第 2 章
# 加害者家族の
# 子どもへの心理的支援

駒場優子（臨床心理士）

## はじめに

　家族が突然逮捕されるという事態に見舞われ、今までの生活が一変すると、加害当事者以外の家族のメンバーにも、大きな影響が及ぶことは想像にたやすい。とくに、家族のメンバーに未成年がいる場合、成長の過程にある彼らに与える影響は甚大である。本稿では、父親が逮捕された高校生の子どもへの心理的支援について、事例の紹介と対応の要点について検討する。

　さらに、経済的自立にいたらない子どもたちの支援において、養育者のケアも非常に重要である。子どもの健全な養育環境を作るうえで、養育者にどのようなアプローチが求められるか、母子への心理的支援事例をもとに検討したい。

## 事例①
──父親が逮捕された家庭での子どもへの心理的支援

### 1. 家族構成および面接までの状況

　両親と高校 2 年生（女子）Aさんの 3 人家族である。父親が逮捕後、母親と娘は転居したが、在籍中の高校には引き続き登校している。

140　第 4 部　加害者家族の子どもたちへの心理的支援

家族で在宅中、警察の訪問がありその場で父親が逮捕された。本人もその場面を目撃している。

## 2．面接概要

　家族会に参加した母親の勧めでAさんが個別面接を希望した。心理面接の概要は以下のとおりである。

### ⑴　心理的状態の確認

　とくに衰弱した様子はなく、淡々とした雰囲気で面接室へ入ってきた。セラピスト（以下、Th.）は、食事、睡眠、体調について尋ね、Aさんの状態を把握した。父親が逮捕された当初は動揺して、食べる気持ちにならなかったということだが、現在は、数カ月経過しており睡眠や食事も安定しているという。

### ⑵　面接希望の背景について理解する

　Th.が「今日はここに来て、どんな時間が過ごせれば、どんなことが話せれば『来てよかった』と思えそうですか」と尋ね、Aさんからは「学校や家で話せないので（そういう話をしたい）」と返答があった。そして、「それでは、どこからでもよいので、自分の話したいことを自由に話してください」と伝え、Aさんが話し始めた。

### ⑶　本人の体験した、心の事実に寄り添う

　Aさんはまず、逮捕された父親への思いを語り出した。「一生会わなくてもいいと思っています。元々、嫌いだったので」と言葉にし、その後も父親への怒りを滔々と述べた。

　それ以外には、以下のような内容が語られた。

・学校は休まずに、なるべく普通にやろうとしていること。
・母親もつらそうで、あまり顔を合わせたくないな、と感じていること。
・部活にも、休まずに参加していること。

第2章　加害者家族の子どもへの心理的支援　141

・引越しをしたことは、友人にも伝えた。通学路が変わって、一緒に通う子がいなくなったが、今はそれでよかったと思っていること。気まずい思いをしなくていいから、という理由で。

　それらの内容を話し終えた後に、「だから、とくに落ち込んでいるとかはないんです。ただ、生活はすごく変わってしまった。話せる人がいないので、今日は来ました」と述べた。

### ⑷　危機介入としての情報提供

　Th.からは、重大な事件や事故に巻き込まれたり、予期せず生活が大きく変化したりした場合に、「心を守るために、だれにでも起こる可能性があるさまざまな変化について」(ストレス反応としての、変化や症状) について説明をした。そして、学校を休まずに規則正しく通えていることをねぎらい、「家庭や生活環境が変化してしまっても、学校や部活といった変わらない自分の居場所があることは、心を守るためにとても重要だ」ということを伝えた。

　また、今後起こりうることとして、「変化の起点となった日から数日、数週間は緊張感が高まり、覚醒し過ぎて眠りにくく、食欲も湧かなかったりすることがある。いくら活動しても疲れた感じがしない、と言う人もいて、むしろ元気に見えることもある。でも、その時期を過ぎて現実や状況が見えてくると、今まで張り詰めていたものが緩み、また別の体の症状、心の状態に変化が出てくることも多くある」と説明した。

　Aさんは、「いろいろあったけど、自分でも元気だなと思っていた。友達にも、最近テンション高いね、と言われた」と、述べて「やっぱりちょっとは、おかしかったのかも」と加えていた。

### ⑸　遠い将来ではなく、少し先の見通しを確認する

　危機的状況にある場合、不安の回避のため、感情を鈍麻させてしまうことがある。そのため、現実的・適応的な判断なしに「大きな決断」をしようとしたり、そのような考えが浮かぶことが多く

ある。たとえば、Aさんの場合にも「父親とは一生会わなくてもいい」と言い、縁を切りたいと話していた。この家族に起こるだろう今後の展開はさまざまに予想され、今の時点ではわからないことの方が多いだろう。起きてしまったことの大きさに圧倒され、混乱する中で、「この件から解放されたい」「どうしてこんなことを（逮捕されるようなことを）したのか」など、不快な感情がごちゃ混ぜになっていて当然である。そのような思いが、「一生会わない」と言う言葉になったようにも感じられた。今回、その場面ではその言葉をそのまま聞くにとどめ、「本当に大変ななか、よくやってきた」と伝えて、本人のつぶやきは否定せずに受け止めた。

　危機介入としての面接でもあると捉えた場合、遠い将来のことではなく、少し先の見通しについて確認することが大切だと考えている。具体的には、「今後数週間の予定をざっと見通して、これはきっと疲れるだろうなとか、この日はちょっと嫌だなと、思う日はありますか」と尋ねることが多い。その中で、70％くらいの力でやっていくことを目標として共有し、予定ごとに「赤（大変エネルギーを消耗しそうな予定）、黄（中程度）、青（大丈夫そう）」をレベル分けして、一緒に整理していく。そして、面接内で「合理的な言いわけ（その予定に参加しないことの理由）」をともに考えたり、相手がある場合には伝え方を工夫したりすることを一緒に考え計画することもある。危機的状況にある場合、通常より思考力が落ちていたり、柔軟に対処できなかったりすることがあり、その部分を補う機能として支援する意味合いもある。

### ⑹　子ども自身に選択する権利があることを説明する

　家族の出来事に巻き込まれ、子ども自身が自分の将来に希望が持てなくなったり、自分自身の人生を強く悲観するようになることもある。子どもの年齢によりさまざまな対応を選ぶことにはなるが、高校生以上の子どもには、「自分の人生は自分で選ぶことができる」ということを伝えながら、本人の気持ちを補助的にサポー

トすることも重要であろうと考える。具体的には、住む場所や生活する環境について、また逮捕当事者の家族（事例の場合の父親）との関わり方について、選択できる可能性を示し、本人の思いをほかの家族の思いとは別に表現できる機会を作る。つまり、本人の気持ちで選択できるという「心の安全」を保障するということである。とくに逮捕当事者の家族との関わりについては、面会する気持ちの有無や連絡を取り合う頻度など、「家族だから、面会すべき」などの前提をなしに、本人の主体性を尊重することが非常に重要であろう。同義ではあるが、配偶者が「（逮捕されるような）あんな親には合わせないほうがよいだろう」と一方的に方向づけることなく、本人の気持ちや考えが大切にされることが望ましい。そのように一つずつ選択し、子どもの心の向きにあわせて丁寧に進めていくことが、現実を受け入れることにも役立っていく。

　また、事例①では、学校は変わりなく通っているが、転居し生活の場は大きく変わっている。著者は、警察が自宅前に集まったことをきっかけに、近隣住民とのつき合いについて大きな負担を感じるようになり、転居した家族にも多く出会ってきた。経済的な状況に影響を受けることではあるが、「他者からどう見られるのか」という自意識の強まる思春期以降の子どもには、一時的に地元を離れることは、トラウマテックな出来事からの保護としても有効である場合もあるだろう。繰り返しになるが、そのことについても子ども本人と話ができ、本人の思いが表明されることが大切である。

# 事例②
——父親が逮捕された母子への心理的支援

## 1. 家族構成および経緯

　両親と子（Bさん）の3人家族である。Bさんが8歳のときに父親が逮捕される。父親は社会的地位が高かったことから、事件後、報道陣が自宅に詰めかけ転居を余儀なくされる。事件前は裕福な生活をしていたが、事件によって父親は失職し、多額の借金があることも発覚した。事件発覚によって、両親は離婚する。Bさんは父親の逮捕により、経済的な理由から当時通っていた私立学校を転校しなければならなくなる。母子は生活保護を受けて暮らすようになるが、事件前の裕福な生活とのギャップになかなか馴染めない。Bさんは、転校先の学校でたびたびいじめに遭い、自宅でリストカットをすることもあった。

　母親は、精神的にBさんに依存しており、事件に関する経緯のすべてをBさんに話していた。祖父母たちとの折り合いも悪く、親戚づき合いもなく、事件によって友人関係も破綻し、母子は社会的に孤立する。

　母子は、父親の判決が確定したころから加害者家族の会に定期的に参加するようになる。Bさんは、家族会の間、ボランティアと一緒に遊んでもらっていた。Bさんはボランティアスタッフに対して、父親については親だと思っていない、母親については時々その存在が負担だと思うことがある、と話していた。

　母親が仕事を始めたことをきっかけに、母子の家族会への定期的な参加は途絶える。Bさんは中学生になっても不登校やリストカットを繰り返していたが、無事に希望の高校に入学し、将来やりたいことが見えてきた時期から精神的に落ちつきを取り戻すようになった。

第2章　加害者家族の子どもへの心理的支援　145

## 2. 母親への心理的支援

母親に起こったことを、母親を一人の個人として捉える立場、そして子どもの親と捉える立場の二つの視点により、支援の内容を考えてみたい。

結婚し夫であった人が自身のあずかり知らないところで犯罪を犯し、逮捕された。大きな失望、ショックと裏切られた感覚、強い怒り、そして自分自身に対しての自責感や後悔もあるかもしれない。また、多くの借金があることが判明したり、現実の生活にも大きな環境の変化が起こっている。経済的なことへの心配もある。騙されたと感じるのか、そうではなく、どうして自分が気づいてあげられなかったのかと責めることも考えられる。

家族が事件を起こしたり、逮捕されたりした場合、筆者が出会った多くの家族はさまざまな不快な感情（ネガティブな感情）を抱えて、心理的な危機状態に陥っている場合がほとんどであった。そして、「自分がどうにかできたのではないか」「一緒に生活をしていて、止められなかった」などの自責感を強く持つ人も多い。心理的に混乱している状況では、話をどこまでも聞き、こちらも質問しながら拡大させていくような話しの進め方はせず、危機介入としての面接を行なっている。「事件の起きたその日以降、混乱して、話すことにもまとまりがなく、浮かんでは消えて、頭の中が言葉でいっぱいになることが起こることは、よくあります。後悔したり、自分のことを責める考えも多く浮かぶでしょう。でも、あなたのせいで起こった、ということはありません。苦しくなったら、呼吸法をやってみてください。つらくなるような考えが、ストップできます」と、伝えていくことが多い。リラクゼーション法としての呼吸法や筋弛緩法を説明し、一緒にやってみることもよくある。

事例②の母親に対しては、事件発覚や逮捕直後であれば危機介入として、リラクゼーション法を伝えるだろう。そして、時間を

かけてご本人の中にある「自分の人生に起こったこと」への思いを、丁寧に聞かせてもらうことを中期以降の面接目標としていく。同時に、実際の生活への適応についても確認をしながら、身体的、精神的健康状態をみる必要もあるだろうと考える。

　母親としての立場については、どのような支援ができるだろうか。事件発覚後、母子２人での生活に変化している。母親として、子どもの心身の健康をどのような視点で確認していくことが求められるか、保護者として必要な関わりを整理していくことが必要だろう。専門家からの関わりを端的に言えば、心理教育的な情報提供が必要となるだろう。

　自分の身近な生活に、思いもよらない大きな変化が起きる、家族関係に変化が起きる、自分の大切な家族を失う（事例②の場合、父親は生存しているが、生活も別となり事件後に喪失したともいえるだろう）、このようなことが子どもに起きた際、予測される子どもへの影響や変化、出現する可能性のある子どもの姿などについて、保護者に知らせておくことが必要だろう。

　小さな子どもであっても、重要な人、大切な人を失った際には「自分のせいだ」「自分がいけなかったからだ」と感じてしまうこともある。子どもが自身を責める気持ちを表現したら、どのように関わっていくのか。どのように子どもの心の安全や安心を作っていくのか、ということはとても重要なポイントになる。安心のための基本的な考え方として、子どもの語りについてその内容を掘り下げて、訂正したり、現実的に正しいことを説明したり説得したりすることは控えること、子どもが感じたこと、表現したそのものを「そう、思ったんだね」「そう感じているのだね」と受け止めていきたい。子どもが自分を責めるなら、「そう感じたんだね」とともに、「でも、あなたのせいで起こったことではない」ということも、その都度伝えていきたいことである。

　喪失を体験した子どもがどのような影響を受けることがあるか、

どのような対応が望まれるかについては、喪失体験をした子どもへの心理的ケア、災害やテロに遭遇した子どもへのサイコロジカル・ファーストエイドなどが参考になる。[1][2]

　また、母親のケアが進み母親自身が安心感を感じられる場が得られたり、信頼できる人に支えられ安心安全の感覚が得られると、結果的に子どもへの関わりが変化したり、子どもも母親が安心したことで精神的に安全な状態になる、という変化も望めるだろう。母親の混乱や精神的な不安定感をサポートすることは、子どもへの心理的支援とも連動することである。

## 3. 子どもへの心理的支援

　事例②では、父親の事件や逮捕をきっかけに子どもは学校を転校することになった。子どもにとって生活の場である学校生活を、本人にとって安心できるものにしていくこと、新たな学校に適応できるようサポートをすることは、重要な心のケアとなる。

　子どもとともに具体的に考え、相談しておくこと、見通しをもっておくことも必要であろう。例を挙げれば、

・どのように以前の所属校とお別れをするのか。
・友人にはどのように伝えるのか、またその保護者にも何と伝えて別れるのか。
・新しい学校では、転入理由を何と説明するのか。

---

1　David J. Schonfield. MD & Marcia Quackenbush, MS, MFT, CHES／加茂登志子・中山聡美訳「大切な人を失ったあとに――子どもの悲嘆とケア　子どもを支える親と大人のためのガイドブック」（2009年）［https://www.ncnp.go.jp/pdf/mental_info_childs_guide.pdf］（2019年2月11日アクセス）。
2　アメリカ国立子どもトラウマティックストレス・ネットワーク，アメリカ国立PTSDセンター「サイコロジカル・ファーストエイド実施の手引き第2版」兵庫県こころのケアセンター訳，2009年3月．http://www.j-hits.org/（原著）：National Child Traumatic Stress Network and National Center for PTSD, Psychological First Aid: Field Operations Guide, 2nd Edition. July, 2006. Available on: www.nctsn.org and www.ncptsd.va.gov. 2019年2月11日アクセス。

・父親について聞かれたら、何と伝えるのか。

・新しい学校へ、今回のことを伝えるのか否か。

・子どものケアとして、どのようなことに気をつけてもらうのか。

　ここに挙げた以外のことについても、実際の子どもの現状に合せて多くの「見通し」があるとよいだろう。それにより子どもが安全を感じられるよう、支えていきたい。子どもが安心できること、がすべての判断基準、優先順位である。

　危機的な状況に直面すると、これまで内在化されていた家族関係や母子関係の脆弱性が露呈することもままある。今までの親子関係や母子関係によっては、危機的状況に陥った際に子どもが親を支える役を担うことも少なくないだろう。事例②の場合でも、母子は非常に密着（母はほかの大人を頼れず孤立し、子どもに情報を開示して依存的に接している）しており、母親の大きな失望や不安を子どももはそばにいながら感じ取り、そして母親を支えるためにも「いい子でいる」ことを選ぶ可能性もある。家族の危機的な状況に際し、子どもが「普通」（に見える状態）である、もしくは（大人にとって扱いやすい）「いい子」でいるならば、それ自体が不自然であるともいえ、子どもがありのまま感じたことを表現できる安全な場が見つかっていないと、みるべきであろう。その意味では、支援者などの第三者に子どもが、保護者に対する両価的な思いを言葉にするということは、子どもが自分の体験や感覚を実感でき、それを素直に言葉にすることができるという安心な関係性が徐々に築けているとも言えるだろう。この事例では家族会の支援者に「時々母親の存在が重荷に感じる」と発している。子どもにとって大切で重要な存在であっても、ネガティブに感じることがあってよいし、そして良し悪しの両方を感じられること自体が、その関係性の成熟度であり、安全な関係、健康的な関係であることのあらわれだとも言い換えられよう。

第2章　加害者家族の子どもへの心理的支援　149

事例②では、子どもにも自傷行為が見られている。このような問題行動、症状が確認できる場合には、早急に個別のサポートを進めていく必要があることは、あきらかである。学校内での人間関係トラブルがあった場合にも、家族の逮捕という出来事の影響との関連性も想定しながら、単純に人間関係のトラブルという点だけ対応し、終わりにしてしまわないように留意する必要があるだろう。そのため、学校に家族のことを開示できない場合でも、子どものケアとして外部機関の専門家との連携は必須の事項であろうと思われる。個々の精神的な健康度や身体的な体力などにも影響を受けることではあるが、大きな変化の直後、危機の急性期の時期に心理的な視点でのケアがなされるかどうかが、その後の回復までの時間に大きく関連すると言われている。とくに子どもに対しては、一定以上のストレス（負荷）がかかる体験をした場合、基本的に専門家への受診は必要であると考えている。


# おわりに

子どもの安心・安全のための支援という視点では、家族の逮捕という出来事を「ないことにしない」ということが大切だろうと考える。大人が受け止めた現実的な出来事を、「事実」の基準にし過ぎないよう、そばにいる大人が子どもに起こった「心の事実」をそのまま受け取ることが重要である。多くの大人は、現実を正しく伝えること、出来事の乗り越え方を指南すること、ネガティブな心情を持つことを否定すること（前向きに考えること）、などの「現実的なアドバイス」を発想することが多いが、子どもの動揺を鎮めるためには、子どもにとって起きたこと、つまり子どもの「心の事実」を大切にし、受け取ることが必要である。その子にとって「何が起きたのか」ということを、そのまま聞いてくれる存在があること

が、危機的状況にある子どもの存在そのものを認めるということにつながるだろう。子どもが感じている「今、ここで」の気持ちを、その都度受け止めて行くことが、子どもの心を支えることであり、子どものケア、回復に役立つ要点であると考える。

　また、言語化する「整理」の機能が未熟なために、小さな子どもほど出来事を体全体で受け止めて、緊張感を強めていると考えられる。その場合には、呼吸をゆっくりすること、また、安心な関係にある大人に体に触れてもらい、弛緩することを目的に関わってもらうことが大切だろう。リラックスできる時間が提供されることは、十分なケアとなる。何よりも、その子どもが弛緩できること、安心できる時間はどのような時間なのか、という関心で子どもに関わることが重要である。

# コラム④
# 加害者家族の子どもたちの現状について

ジャーナリスト小宮純一氏へのインタビュー

## 小宮純一　氏

ジャーナリスト。NPO法人埼玉子どもを虐待から守る会理事。元埼玉新聞記者。1980年埼玉新聞編集局入社。埼玉県庁記者クラブ（教育局担当）、文化部（教育問題担当）、大宮市制、地域報道部デスク、地域報道部長、編集局ニュースセンター次長を経て2009年末に退社。2010年1月からフリーランス。2010年11月〜「週刊少年サンデー」（小学館）で、架空の児童相談所を舞台とした子ども虐待テーマの漫画『ちいさいひと――青葉児童相談所物語』を連載。企画提案・取材・監修担当。単行本6巻。2016年9月〜「週刊少年サンデーSUPER増刊」で『新・ちいさいひと――青葉児童相談所物語』を連載中。電子版・単行本合計150万部突破。

阿部　加害者家族の子どもたちと児童相談所は密接な関係にあるのではないかと考えていますが、その点についてご教示ください。

小宮　加害者家族の子どもたちの居場所として、まず、想定されるのが児童養護施設です。養育者がいない場合や帰る家がない子どもは施設入所となります。施設では、親の逮捕・収監・服役という喪失体験を持つ子どもへのトラウマ治療といったケアが施されます。しかし、親のケアにまで着手できている児童相談所はほとんど存在しないようです。子どもの退所・引き取り後は、施設の関わりは任意となります。

　　　養育者がいる場合は、在宅になりますが、一人親の場合は

祖父母や親戚に養育を託すケースもあるようです。

**阿部** これまでWOHで支援してきた子どもたちの大半は、養育者がいるケースです。施設入所している加害者家族の子どもたちはどのような状況にあったのか、具体的な事例を教えていただけますか。

**小宮** まず、中学生の男の子の事例です。父親が祖母を殺害して服役し、児童養護施設に入所（措置）<sup>▼1</sup>となりました。入所直後から手洗いが止まらないといった強迫症状が見られたといいます。この子は祖母の遺体処理を手伝わされたようで、犯行後の手洗いのトラウマの再現だったのでしょう。精神科を受診させたのですが、「脅迫的な行動は当然の行動」とされ、フォローがまったくなかったといいます。

　施設内で小さい子をいじめるようなことがありましたが、担当保育士が、そうした行動の際に、「どういう気持ちで小さい子に暴力を振るうのか、言葉で言ってごらん」と向き合い、言語化させるなどに力を注ぎ、問題が減り、行動はかなり安定してきたようです。高校には施設から通い、重機の運転免許も取得できたようです。本人は父親がどこの刑務所に収監されているかはわかっていたものの、犯行当時に何が起きていたかの記憶は抜け落ちていたようです。

　「父親が出所したら一緒に暮らす」と楽しみにしていたようで、担当の児童精神科医は、施設に対して「父親との面会を組み込んだほうがよいのではないか」と提案しましたが、実現できなかったそうです。施設にいる子どもは親を求め続け、親を美化する傾向が強いといいます。

---

1　措置：保護者がいないか、または保護者があっても虐待、放任等の理由により適切な監護を受けることができない等福祉が阻害されている児童に対して、児童相談所、福祉事務所を窓口として、相談指導が行われるほか、必要に応じて児童福祉施設である乳児院、児童養護施設に入所させ、あるいは里親に養育を委託する等その児童の年齢、性格・行動、家庭環境等を考慮した措置が採られることとなっている。

コラム④　加害者家族の子どもたちの現状について　153

阿部　他にもケースがありましたら教えてください。

小宮　母子家庭の少女のケースです。母親は、傷害致死、覚せい剤取締法違反で、懲役6年の実刑判決を受けました。母の車に同乗させられ、母は男性遺体をスーツケースに押し込み、ケースごとダムに投げ捨てたといいます。その一部始終をこの少女は目撃しています。母の逮捕後は、祖母が少女を引き取ったものの、数カ月で「養育は限界」と訴え、当時8歳で判決前に児童養護施設に入所となりました。中学校卒業まで、地域小規模児童施設（グループホーム）[▼2]で養育され、その後、祖母と同居したといいます。児童指導員によれば、養育中の怒り、トラウマ、不安、いじめ、不登校など、ケア・ワーカーへの愛着獲得には「5年かかった」そうです。当然ですよね。子どもは安心できて初めて心に溜めていた本心を出すことができるのです。「荒れる」というのも、本心のあらわれです。安心できる環境が担保されないうちは、内面にじっと絶望感、孤立感、怒りなどを貯めるしかない。

阿部　親や兄弟姉妹が犯罪者となった子どもたちは日本にどのくらい存在するでしょうか？

小宮　データはまったく存在せず、どの機関も把握していません。無責任な〝野放し〟の状態です。児童相談所の職員や、治療にあたる医療関係者によれば「かなりいるのでは」という答えが返ってきます。せめて、児童養護施設に対してデータ収集を依頼できないかと考えました。施設に「これまでに何ケース・何人養育しましたか？」「現在措置入所中の子どもは何人いますか？」といったアンケート調査を行うべきではないでしょうか。お話した二つの事例でも、子どもたちは

---

2　地域小規模児童施設：少人数の児童養護施設で、子どもの定員は6人。専任の職員を2人以上配置する。少人数で施設も一般の民家などを使うため、より家庭的な環境のなかできめ細かいケアが行いやすいと、2000年度から厚生労働省が制度化した。

心に深い傷を負っており、施設側も対応に苦慮していたよう
で、加害者家族の子どもたちが抱える問題は複雑であるこ
とが推測できます。したがって、対策を講じることは急務
なのではないかと思います。母子生活支援施設やDVシェル
ター[4]にも父親が逮捕された子どもたちが存在する可能性が
あり、調査する必要があるのではないかと思います。2016
年の児童福祉法改正で、法の目的と理念を掲げた第1条の主
語は、「国民」から「すべての児童」に変わり、子どもを主体
として、「児童の権利に関する条約の精神にのつとり、適切
に養育されること」が明記されました。子どもに関して、文
部科学省、厚生労働省、総務省も日本国内の加害者家族の子
どもたちの状況について把握すべき責務があります。

阿部　ありがとうございました。施設側と子どものプライバシー
が許す範囲で、家庭外で養育されている加害者家族の子ども
たちの状況をお話しいただけました。子どもが直接的に被
害を受ける虐待とは異なり、犯行を手伝わされたり、事件を
目撃していた子どもたちのトラウマのケアは課題です。医
師による専門的な治療が必要なケースも多いと思われます
ので、民間団体の支援には限界を感じます。やはり、国が調
査を実施したうえで適切なケアのあり方について検討する
べきだと思います。

---

3　母子生活支援施設：児童福祉法38条に定められる施設。「母子生活支援施設は、配偶者の
ない女子又はこれに準ずる事情にある女子及びその者の監護すべき児童を入所させて、これ
らの者を保護するとともに、これらの者の自立の促進のためにその生活を支援し、あわせて
退所した者について相談その他の援助を行うことを目的とする施設とする」。
4　DVシェルター：DV被害者を加害者から隔離して保護する施設。母子生活支援施設以外の
女性向けの施設。犯罪の背景にはDVが存在するケースも多いことから、夫が逮捕された母子
なども避難している可能性が高い。

# 第**5**部

## 加害者家族の
## 子どもたちの
## ケアと人権

第1章

# 加害者家族の子どもの抑圧と人権に関する予備的考察————国家の責任を中心に

宿谷晃弘（東京学芸大学准教授）

## はじめに

　我々は、生に関して選択をすることができない。我々は、そもそも生まれてくることそれ自体を選択することもできないし、生まれてくる場所をあらかじめ選ぶこともできない。このように、我々は、生に関してまったく運命のなすがままにある。

　加害者家族の子どもも、同様である。もっと言えば、彼または彼女らは、生後、自分の家族が加害者になることを願うことなどなかったであろう。加害者家族の子どもは選んでもない場所に生まれ落ち、望んでもない展開に翻弄されて、加害者家族としてのアイデンティティを背負わされる。それにもかかわらず、なぜ、彼または彼女らは、さまざまな形の抑圧に苦しまなければならないのであろうか。また、この抑圧から彼または彼女らを解放するために、誰が何をしなければならないのであろうか。

　本稿においては、「抑圧の論理と性質について」において加害者家族の子どもを苦しめる抑圧の姿を見極めるために、まずその論

---

1　子どもを含む加害者家族の苦境については、阿部恭子『息子が人を殺しました——加害者家族の真実』（幻冬舎新書、2017年）、同編著『性犯罪加害者家族のケアと人権——尊厳の回復と個人の幸福を目指して』（現代人文社、2017年）、同著『交通事故加害者家族の現状と支援——過失犯の家族へのアプローチ』（現代人文社、2016年）、同編著『加害者家族支援の理論と実践——家族の回復と加害者の更生に向けて』（現代人文社、2015年）等を参照。

理と性質について考察する[→159頁]。次に「抑圧からの解放の論理について」において抑圧の論理と構造を打ち破る論理について考察する[→165頁]。そして、「加害者家族の子どもの人権と国家の責任について」において加害者家族の子どもの抑圧からの解放・人権保障における国家の責任について考察していく[→171頁]。

# 抑圧の論理と性質について

　既述のように、加害者家族の子どもは、実にさまざまな苦難に直面する。しかしながら、そもそも加害者家族の子どもを忌避し、非難し、そして攻撃する傾向はどのような論理によって支えられているのであろうか。また、この忌避、非難、攻撃等によって彼または彼女らが直面する苦難は、一体どのような性質のものなのであろうか。抑圧からの解放を望むにあたって、まずこの点を明らかにしていくことにしたい。

## 1. 加害者家族の子どもの抑圧の論理と心理
　加害者家族の子どもへの抑圧は、概ね、次のような論理や心理によって支えられているといえよう。つまり、

　　①家族論理　　　　　家族はひとつの共同体として家族に関する
　　　　　　　　　　　　すべての事柄について責任を負うべきだと
　　　　　　　　　　　　する考え、
　　②血縁論理　　　　　血を同じくする者たちは、同じ欠点や危険
　　　　　　　　　　　　性を共有しているという考え、
　　③リスク回避志向　　厄介事をできるだけ避けるために臭いもの
　　　　　　　　　　　　に蓋をし、厄介者は排除することが望まし
　　　　　　　　　　　　いとする傾向、

等である。

　第一に家族論理であるが、できると否とにかかわらず家族はその構成員の行為やケアについて全責任を負うべきだとする意識が存在する。この論理においては義務論が先行し、構成員の人間の尊厳の観点は背後に退いてしまっている。つまり、たとえば、家族がケアの義務を果たすことができない場合、ケアを必要とする構成員に手を差しのべるというより、その構成員を含む家族全体に対して非難や侮蔑の目が向けられがちになるのである。あるいは、家族がケアすることが法制度の大前提となっていることによって法制度によるケアの網の目から零れ落ちてしまう人々も少なくないであろう。

　第二に血縁論理であるが、血を同じくする者たちの間には意識のうえだけでなく、習慣、さらには遺伝子のレベルにおいて強い結びつきがあるという意識が存在する。そして、この結びつきのために、血縁集団内においては、個々人の長所もさることながら、情動の欠陥や犯罪傾向等の負の因子も共有されると考えられがちである。それゆえ、たとえば、構成員が犯罪を犯した場合、他の構成員も社会から危険視されることになるのである。

　そして、第三にリスク回避志向であるが、上記の二つの論理の結果として家族を中心とする社会内の各集団は、リスクをできるだけ回避しようとする傾向を強めることになる。なぜなら、不測の事態が生じた場合、他の集団や個人から得られる可能性があるのが援助よりも非難や嘲笑等だとしたら、各集団や個々人は排他性を強め、場合によっては潜在的な敵対関係を醸成することになり、その結果、できるだけ他に弱みを見せず、厄介事を背負いこむことがないようにと努めることになるからである。

　これら三つの論理ないし心理は、相互に関連し、加害者家族の子どもの排除等の根拠ないし原動力になっているものと考えられる。そして、これらの論理ないし心理に基づく排除等は、同様の

論理ないし心理の支配する社会システムを通じて拡散・増幅されることになる。それは、たとえば、ネットを通じて拡散した加害者家族の子どもの情報が、後々までも、その子どもの人生を脅かすこと等に表されているものといえよう。

## 2. 加害者家族の子どもの抑圧の性質について

### (1) 抑圧の五つの様相について――ヤングの議論

　それでは、上記のような論理ないし心理を背景とする攻撃等は、どのような性質を有しているであろうか。このことを考える際に、マイノリティ集団が直面する抑圧の諸相に関するヤング(Iris Marion Young)の考察[2]は、一定の示唆をもたらしてくれるもののように感じられる。もちろん、一口にマイノリティ集団といっても、その形態はさまざまである。また、個々のマイノリティ集団が完全に分離して存在しているわけでもない。それゆえ、マイノリティ集団に属する個々人が直面する事態は、多くの場合、高度に複合的なものである。したがって、過度の単純化は許されないであろう。しかしながら、そうはいっても、諸集団に共通する特徴をいくつか挙げることはできる。それゆえ、マイノリティ集団の苦難と解放について思考しているヤングの議論は、参照に値するもののように感じられるのである。以下、その概要を記述する。

　ヤングによれば、マイノリティ集団が直面する抑圧には、①搾取、②周縁化、③非力であること、④文化帝国主義、⑤暴力等があるとされる[3]。ここで第一に搾取とは、社会的プロセスや社会的制度のあり方によって可能となる、配分や蓄積における著しい偏りを生じさせる資源の移動のことである。第二に周縁化とは、労働システムからの排除のことである。第三に非力であることとは、専

---

2　*See* Iris Marion Young, *Justice and the Politics of Difference* (Princeton University Pres, 1999) Chapter 2.
3　*Id*, pp48-63.

門的な職業に就くことが困難なゆえに、専門的な職業がもたらす権威、身分、社会的評価からくる自己肯定感等が得られないことである。第四に文化帝国主義とは、支配的集団の経験や文化が普遍化・規範化され、マイノリティ集団に押しつけられることである。そして第五に暴力とは、マイノリティ集団に対して加えられる攻撃のことであり、社会的に許容され、マイノリティ集団に対して直接的・間接的にダメージを与える力の行使のことである。ヤングによれば、これらは、個々の意図的な行為によってもたらされるというだけでなく、制度や社会的文脈の中に埋め込まれており、それゆえ、行為者も自分が抑圧をしているということに気がつかない場合があるとされるのである。[4]

　以上のヤングの議論から、加害者家族の子どもへの排除等が他のマイノリティ集団への抑圧と共通性を有することが見て取れるように思われる。ここで、ヤングの議論を加害者家族の子どもの状況に引きつけて考えるのであれば、次のいくつかの点を指摘することができよう。つまり、たとえば、加害者家族の子どももまた、教育システムや労働システムから排除されること、その結果として高度の専門教育を必要とする職業に就くことが不可能ではないかもしれないが困難になること、さらに労働システムのヒエラルヒーの中で下層に位置づけられやすくなることによって搾取の対象になりやすくなること、外部から「加害者家族の子ども」というアイデンティティを押しつけられることによって内面的にも自己肯定感を持ちにくい状況に置かれること、暴言を吐かれたり、無視をされたり、脅迫される等、直接的な暴力にさらされるだけでなく、いつ家族のことが周りの人間に知られ、さまざまな暴力を受けることになるかわからないという状況に置かれ続けること等である。

---

**4**　*Id,* pp41-2.

## ⑵　抑圧の性質について

さて、ヤングの議論を参照しつつ、上記の分析に基づいて、加害者家族の子どもの抑圧の性質について考えてみると、それは次のような性質をもつことがわかる。つまり、①差別性、②規範性、③全般性、④構造性、⑤増幅性、⑥永続性等である。

第一に差別性であるが、加害者家族の子どもの抑圧は差別の一類型としての性質を有するといえよう。たとえば、家族論理や血縁論理によって正当化がなされようと、それは基本的に「差別に値する相手だから差別する」式の論法に過ぎない。加害者家族の子どもへの攻撃等は、ヤングの暴力に関する指摘にあるように、基本的に非合理的な性質を有するのである。[5]そこでは、攻撃対象者の性質やその行動の様態（たとえば、攻撃の対象者自身がどのような人間であるか、あるいは対象者の犯罪発生への貢献度等）は、二次的なものに過ぎず、攻撃の度合いの増進効果を（場合によっては減退効果も）持つことはあるとしても、攻撃の原動力を構成するものにはなっていない。

第二に規範性であるが、加害者家族の子どもの抑圧は、差別する側の経験や論理に基づくものに過ぎないにもかかわらず、道徳的な色彩をもってなされる。それは差別する側にとっては、危険だというにとどまらず、家族論理等の規範に反する道徳的に悪い存在に対してなされるものとして意識される。そして、規範化された抑圧は、道徳として攻撃対象者の内部に埋め込まれ、内面において攻撃対象者をさいなむものとなりえる。このように規範の押しつけを伴う点で、加害者家族の子どもへの攻撃等は、ある意味でマジョリティからマイノリティへの文化帝国主義的抑圧の色彩をも有するものといえよう。

第三に全般性であるが、加害者家族の子どもの抑圧は、生活、さらには人生全般に及ぶ性質を有する。それは、労働システムか

---

5　*Id*, pp 62-3.

らの排除というに止まらず、たとえば専門職からの排除によって習慣のうえでも自己肯定感のうえでも攻撃対象者を周縁化するものといえよう。さらには、教育システムからの排除をも伴う点でその後の発展をも阻害してしまう。それゆえ、その影響は、一時的なものではなく、人生全体に及ぶものとなるのである。

　第四に構造性であるが、加害者家族の子どもの抑圧は個々の意図的・積極的行為のみを通じてなされるものではない。たとえば、家族論理や血縁論理の枠組に基づく教育システムや福祉システムの限定性・閉鎖性は、抑圧を発生させたり、その度合いを強めたりするかもしれない。またリスク回避志向は、たとえば、マスメディアによる取材攻勢やその可能性等への恐れ等から、教育システムにおける加害者家族の子どもへの排除を強化することにもつながりかねないのである。

　第五に増幅性であるが、すでに全般性に関する記述等において指摘したように、加害者家族の子どもの抑圧は増幅していく傾向を有する。それは、上述のように、たとえば、教育システムにおける排除が労働システムにおける排除や搾取につながり得ることに端的にあらわれているものといえよう。また、たとえば、ちょっとしたひそひそ話や嘲笑的な笑み等、個々の行為自体は取るに足らないものであったとしても、それが積み重なり、あるいはいつどこでそのような行為に直面するかわからないというのは、攻撃対象者のダメージを増幅させるものである。

　そして第六に永続性であるが、「加害者家族の子ども」というアイデンティティは、生涯ついてまわる可能性がある。とりわけインターネットが発達した今日、子どものみならず負のアイデンティティが代々受け継がれてしまう可能性も否定できず[6]、問題は深刻であるといえよう。

---

6　この点は、阿部恭子氏も講演等において警告を発しているところである。

## 3. 小括

　本節の記述から、加害者家族の子どもへの抑圧は、社会の急激な変化にもかかわらず、根強く存在する論理と心理に支えられ、構造的な性質を有することが明らかになった。加害者家族の子どもの解放は、このような背景と性質を有する抑圧の構造に対する取り組みを含むものでなければならない。それでは、その取り組みは、どのような論理に支えられ、どのような主体によってなされなければならないのであろうか。

# 抑圧からの解放の論理について ——人権アプローチを中心に

　前節の記述から明らかなように、加害者家族の子どもを抑圧から解放するための論理と方策は、当該抑圧を支える強固な論理と構造を打ち破ることができるほど、強力なものでなければならない。もちろん、一朝一夕で抑圧の構造を打ち壊せるような魔法の杖はどこにも存在しない。それゆえ、さまざまな方面からのアプローチを試みることが求められているといえよう。本節においては、第二次大戦後の世界における強力な武器の一つである人権論の方面から若干の検討を試みることにしたい。

## 1. 憲法学における議論

　国際法学や法哲学と並んで憲法学が我が国においても人権論をリードしてきたことは否定できないことであろう。しかしながら、現在の我が国の憲法学は、一般的に、加害者家族の人権や加害者家族の子どもの人権の承認といったような人権概念の拡大に好意的

であるとはいえないように見受けられる[7]。たとえば、奥平は、人権の主体に関して、次のように述べている。つまり、「日本では、常識的な用語法としてのみならず学問上のそれとしても、『こどもの「人権」』『老人の「人権」』などといったことばが、通用する。この延長線上に、さまざまな範疇の人間の「なんとかの『人権』」が止めどなく成立してやむところがない」[8]。奥平の口吻には、人権概念が無制限に拡大していくことへの警戒心や嫌悪感がにじみ出ている。

　このような現在の通説的な見解に対して、憲法学説の中にも人権概念の拡大を正面から認めるものも存在する。たとえば、戸波は、近時我が国でも有力に主張されている基本権保護義務論を用いつつ、被害者の人権を主張する文脈において以下のように論じている。戸波は、まず我が国の憲法学の通説的立場に対して疑問を示しつつ、現代の人権論の課題を次のように定式化している。つまり、戸波によれば、現代の人権論は、「①人権保障を抽象的な観念の世界で考えるのではなく、現実の具体的な社会生活のなか考えるべきであること、②『人一般』の権利であることを基本とすべきであるとしても、とくに構造的に人権侵害状況に陥っている特定のグループの人々、とくに『弱い人々』の人権をまもる人権論を構築すべきであること、③そのような弱い人々にとっては、みずから人権侵害状況から自力で脱出することは困難であり、そのための保護を必要としていること、④人権侵害状況からの救済による人権保障の実質化のためには、『国家からの自由』が重視されるのみで

---

7　このあたりの議論については、拙稿「我が国の憲法学における人権論の現状と加害者家族の子どもの人権に関する覚書：修復的正義の観点から」東京学芸大学紀要. 人文社会科学系. Ⅱ, 69（2018年）117-121頁参照。

8　奥平康弘「"ヒューマン・ライツ"考」和田英夫教授古稀記念論集刊行会編『戦後憲法学の展開』（日本評論社、1988年）138頁。もっとも、このように、子どもの人権という概念を否定するからといって、奥平が「子どもの人権」の名のもとに主張される権利を無視してもよいと考えているわけではない（同139、144頁参照）。いずれにしても、奥平は、上記のように論じて、子どもの人権という概念を人権論から放逐するのである。

なく、国家が人権の救済に積極的に乗り出すことが要求されること、という新たな視点への配慮を必要としている」[9]とされるのである。

このように、現代の人権論の課題を設定し、特定のグループの人々の人権論というものが成り立つことを明らかにしたうえで、戸波は次に、被害者が憲法上の人権の主体足りえるかについて検討するために、この特定のグループの人々の人権論の理論的特質を定式化している。つまり、戸波によれば、「①特定の人的グループは概して社会的に差別を受け、ハンディキャップを負い、あるいは、特別に不利な境遇にあること、②侵害を受ける人権、ないしは保護を必要とする人権の特質としては、表現の自由や信仰の自由などの特定の人権が制限を受けるというよりも、さまざまな人権の制約や行使不能が問題となり、いわば多様な人権行使の全体的な欠損状況にあること≪中略≫、③人権の制限の加害者ないし国家との関係では、人権侵害は国家によるものではなく、多くの場合に社会のなかの私人によってもたらされ、あるいは貧困や行動不能などの客観的な社会的原因から生じていること、④そのため、そこでは国家が人権の侵害者として登場するよりも、人権の欠損状況にある特別のグループの人々に対して、その人権制約を除去し、人権を保護していくという積極的任務を負うこと」とされ、さらに、このような特定のグループの人々の人権論は、「従来の『人一般』の権利とみる人権論とは異なり、現実の社会で生活している特定の人々が実際に陥っている（さまざまな）人権の包括的・構造的閉塞状況に対して、それを除去して一般の人々と同様の生活の確保を図るもので」あり、そのような主張が承認されるためには、「その前提としてその特別の保護の必要について社会的コンセンサス

---

9　戸波江二「被害者の人権のための人権論からのアプローチ」被害者学研究第15号（2005年）5-6頁。

が成立していなければならない」とされるのである。[10]

　以上のような戸波の議論をもってすれば、憲法学においても、加害者家族の子どもの人権を論じることは可能になるかもしれない。戸波の議論は、ヤングの議論と重なる点も多々見られ、加害者家族の子どもの人権にも相当程度、適合的であることはあきらかといえよう。もっとも、戸波の議論は、社会的コンセンサスを前提とする点等で懸念材料がないわけではない。

## 2. 教育法学における議論

　次に、教育法学においては、子どもが成長発達する存在であることに鑑み、成長発達権等を中心に子どもの人権に関する議論が展開されてきた。[11]従来の教育法学における通説的見解に対しては、今日さまざまな意見が存在する。[12]もっとも、子どもの人権を重視する傾向は、現在においても引き継がれているといってよいであろう。そして、これを踏まえたうえで、近時においては、子どもの権利条約等の登場を受けて、さまざまな議論が展開されている。それゆえ、これらの議論から加害者家族の子どもの人権の問題について何らかの示唆を得られるものと予測される。以下、まず教育法学の成果を参照しつつ子どもの権利条約の内容を概観したうえで、教育法学における議論の一端を垣間見ていく。

### (1) 子どもの権利条約について

　本条約の特徴としては、①人間の尊厳の理念の重視、②子どもを人権主体として承認・保障しようとしていること、③子どもの

---

10　前掲註9論文7-8頁。

11　たとえば、堀尾輝久『人権としての教育』(岩波書店、1991年)、堀尾輝久・兼子仁『教育と人権』(岩波書店、1977年) 等を参照。また、代表的な諸説を概観・分析したものとして、広沢明『憲法と子どもの権利条約』(エイデル研究所、1993年)15-19頁等を参照。

12　これらの議論については、拙稿「国民の教育権論批判の現状と修復的正義：戦後教育学・教育法学の批判的継承に向けて」東京学芸大学紀要. 人文社会科学系. Ⅱ, 63 (2012年)212-216頁参照。

現実のニーズに即した保護規定を多く含むこと、④子どもの人権保障のために親や家族環境を重視していること等が指摘されている。[13] さらに（加害者家族の子どもの人権を念頭に置きつつ）各条項に関してみていくと、子どものみならず、親や家族構成員の地位等に基づく差別をも禁止していること（2条）、[14] 子どもの最善の利益原則や、子どもの福祉に必要な保護およびケアの確保に関する国家の義務等（3条）、締約国の実施義務（4条）、親の指導等の尊重（5条）、生命への権利、生存と発達を確保する権利（6条）、アイデンティティの保全（8条）、親からの分離禁止と分離する場合の子どもの権利（9条）、意見表明権（12条）、プライバシーや名誉等の保護（16条）、適切な情報へのアクセス権（17条）、親の養育責任と親に対する国の援助義務（18条）、親による虐待、放任、搾取からの保護（19条）、家庭環境を奪われた子どもの保護（20条）、健康と医療への権利（24条）、社会保障への権利（26条）、生活水準への権利（27条）、教育への権利（28条）、教育の目的（29条）、休息や余暇、遊び、文化的・芸術的生活に参加する権利（31条）、犠牲になった子どもの心身の回復および社会復帰（39条）等がある。このように、本条約は、子どもを人権主体としたうえで、その権利を包括的・総合的に保障することを目指すものといえよう。

　子どもの権利条約は子どもの人権のみならず、加害者家族の子どもの人権を考えるうえでも非常に重要であるといえよう。本条約に関しては、たとえば、上記のように、子どものみならず、親や家族構成員の地位等に基づく差別をも禁止していることが注目

---

**13** 永井憲一「国際教育法と子どもの人権」同編著『子どもの権利条約の研究』（法政大学出版局、1992年）16-20頁、永井憲一「国連『子どもの権利条約』の内容とその意義」ジュリストNo.963（1990年）73-74頁等を参照。

**14** 子どもの権利条約については、上記の文献の他、「特集 子どもの権利条約20年の成果と課題」季刊教育法No.183（2014年）6-79頁、喜多明人ほか編著『［逐条解説］子どもの権利条約』（日本評論社、2009年）、永井憲一ほか編著『新解説 子どもの権利条約』（日本評論社、2000年）、石川稔・森田明編著『児童の権利条約：その内容・課題と対応』（一粒社、1995年）等を参照。

に値する。また、本条約が家族の役割等を重視し、国家に対して子どもだけでなく、親への支援をも義務づけている点も、加害者家族の子どもの人権の観点からも重要であるといえよう。

## (2) 教育法学における近時の議論

教育法学においては、子どもの権利条約等の国際的な動向を受けて、以下のような議論が展開されていることが注目に値するといえよう。それは、つまり、「指導規範であり、新たな制度の根拠法であり、政策推進法でもある」[15]子どもの権利基本法を制定せよという議論である。そこにおいては、「子どもの権利条約の効果的な実施および子どもの権利保障のために、子ども関係の行政の調整、総合的推進などのための業務を行う」子ども庁、「内閣総理大臣および関係大臣の諮問に応じ、子どもの権利保障のために基本的施策に関する事項を調査し、審議」し、また「内閣総理大臣および関係大臣に対して提言または勧告をすることができる」子ども審議会、および「子どもの権利にかかわる苦情の受付および相談」や救済等を行う子どもの権利オンブズパーソンの設置等が議論されているのである。[16]

## (3) 若干の示唆

子どもの人権に関連する議論は、諸領域にまたがる。しかし、この小稿においては、紙数からいっても筆者の力量からいっても、その一端しか見ることができなかった。それでも、加害者家族の子どもの人権を考えるにあたって参考になる点をいくつか拾い上げることはできるように思われる。それは、つまり、①人権の主体・内容の具体性、②人権の内容の包括性・総合性、③国家の役割の重要性等である。

---

**15** 荒牧重人「子どもの権利基本法要綱案の意義と内容」日本教育法学会子どもの権利条約研究特別委員会編『提言［子どもの権利］基本法と条例』（三省堂、1998年）15頁。
**16** 日本教育法学会子どもの権利条約研究特別委員会「子どもの権利基本法要綱案」前掲註15書275-276頁。

第一に、人権の主体・内容の具体性であるが、戸波の指摘するように抽象的な人間の人権を念頭に置くのではなく、具体的な文脈の中で困難に直面している人々のそれの実現を目指すべきであろう。この点で、教育法学の成果も一定の示唆を有するものといえる。

　第二に、人権の内容の包括性・総合性であるが、子どもの権利条約も学説も、具体的な人間の具体的な困難に対処するために、その困難の構造的性質等を念頭に置きつつ、包括的・総合的な人権の内容を体系的に示そうとしている点が注目に値する。加害者家族の子どもの人権を考える際にも、この点を看過することができないことはこれまでの記述からも明らかなことといえよう。[17]

　そして、第三の国家の役割の重要性については、節を改めて考察することにしたい。


# 加害者家族の子どもの人権と国家の責任について

　前節でみたように加害者家族の子どもの人権を考えるにあたって参考となる条約や学説は、人権保障における国家の役割を重視していた。これは、国家の実行能力やそれに基づく個人や国際機関への影響力の大きさ、グローバルな市民文化や世界共和国の不在等によっても裏づけられることといえよう。[18] 本節においては、このことを踏まえたうえで加害者家族の子どもの人権保障におけ

---

**17**　加害者家族の子どもの、憲法上の人権について考察するものとして、拙稿・前掲注7論文参照。

**18**　瀧川裕英『国家の哲学：政治的責務から地球共和国へ』（東京大学出版会、2017年）302-303頁等を参照。また、*See* R.J. Vincent, *Human Rights and International Relations* (Cambridge University Press, 1986) pp.50-3, 100, 104-5.

る国家の責任について若干みていく。

## 1. 牧野英一の社会的責任論について

このことを考える際に、一定の示唆を与えてくれるものとして、ここで牧野英一の議論を挙げることにしたい。牧野は、国家は貧困や犯罪を予防し、犯罪者を更生させ、被害者の損害を回復する責任を有するという社会的責任論を展開し、加害者、被害者のみならず、加害者家族にも一定程度視線を投げかけていた。たとえば、牧野は、その社会的責任論を全面的に展開した論考において、死刑の是非を問う文脈において次のように述べている。つまり、犯罪者に「死刑を科するとき、われわれは、死んでゆくかれ等のことは暫く兎にかくとして、かれ等の両親、かれ等の子女がどう考へるかもこれを考へて見たいとおもう。その人々の考へることは、よし道理にかなったとはいい得ないにしても、その人々が国家に対して持つべき一種の感情はまた之を察するに難くない」[19]と。この視線の背景には、彼の主権作用論やそれに基づく家族国家論がある。牧野は、国家の正当性の根拠をその起源に置くのではなく、その作用に置き、「親」としての国家が国民の最後のひとりの生存権までをも保障することを主張したのである[20]。

もちろん、牧野の加害者家族への視線は、上の記述からも明らかなように極めて限定的なものである。そして、その国家主義、統制主義について、今日これを採ることは難しいであろう。しかし、（限定的であるとはいえ）その視野の広さや諸政策の総合的な実施の必要性の認識、主権作用論等を含む社会的責任論は、今日においても参照に値するものといえよう。

---

19　牧野英一「労働の責務と権利と作用」中央公論第44巻第9号（1929年）14-15頁。
20　前掲註19論文ならびに牧野英一「主権の起源と主権の作用」国家学会雑誌第20巻第7号（1906年）118-122頁参照。

## 2. 国家の責任について

　それでは、牧野の社会的責任論を参照するとして、今日、そこに何を盛り込むことが可能であろうか。本稿は、これまでの作業に基づき、その中核的な要素のひとつとして人権を挙げるものである。

　もっとも、いくら人権を振りかざしたところで、人権だからといって国家が常に何かをしなければならないとは考えられていない。たとえば、子どもの権利条約にしても、国際人権の国内的実施の問題が常につきまとうのである。しかしながら、さまざまな人権問題が存在し、かつそれに関連してさまざまな議論があるにしても、次の諸理由から少なくとも加害者家族の子どもの人権に関して、国家による積極的な人権保障の責任を否定することは困難であるように思われる。それは、つまり、①人権が、すでに国家の行動を評価する基準として国際社会において一定の地位を占めつつあり[21]、かつ②主権の作用の評価基準のひとつとしても位置づけられうる状況にあり、また③憲法解釈としても加害者家族の子どもの人権を国内人権の問題として積極的に取り上げることが可能であり[22]、そして④社会問題として加害者家族の子どもに対する重大な抑圧の現実があって、その抑圧の性質上、国家の行動が必要とされていること等である。

　以上のような根拠に基づきつつ、国家は、たとえば子どもの権利基本法を制定し、子ども庁等を設置すると同時に、子ども庁の中に犯罪・非行に関する専門の部署を置き、加害者家族の子どもの状況に詳しい専門家を配置することが求められているといえよう。また、警察、検察、裁判所だけでなく、地方自治体において

---

21　*See* Vincent, note 18, at p47.
22　拙稿・前掲註 7 論文123頁参照。

も加害者家族の子どもに関する指針やマニュアルを作成し、学校等に伝達・配布することが求められる。さらには、国家だけの働きでは不十分な点も多いため、民間の支援団体に対して積極的に助成を行うべきであろう。

## おわりに

　本稿においては、加害者家族の子どもが直面する抑圧の構造を探ると同時に、人権論および国家の責任論の観点から加害者家族の子どもの解放の端緒をつかむことを試みた。もっとも、この小稿においては、字数の関係からも筆者の力量の関係からも、問題解決の一端に触れる程度に止まってしまった。より精緻な議論については、後日これを試みることにしたい。

# 第2章
# 日本における加害者家族の子どもたちへのアプローチ

## 阿部恭子（NPO法人World Open Heart理事長）

## はじめに

　虐待、いじめ、貧困と、日本の子どもたちが直面している問題は多岐にわたり、加害者家族の子どもの問題は後回しにされていくのではないかという危機感を抱く。しかし、法整備や対策が進められている虐待、いじめ、貧困の背景に、加害者家族の家庭の問題が潜んでいる可能性は十分にあり、決して無関係ではないはずである。

　本章では、日本においてただちに必要とされる加害者家族の子どもたちへの支援のあり方について検討したい。

## 国家の責務

### 1. 加害者家族の子どもへの偏見の撤廃を

　日本において、加害者家族という存在が無視され、また支援が必要であるとみなされてこなかった背景には、家族に連帯責任を科すことによる犯罪抑止の発想が根づいているからだと思われる。

　罪を犯せば、被害者のみならず自分や家族や大切な人まで巻き

込んで傷つける。そうした認識を有する人は、罪を犯すリスクを回避することができるだろう。しかし、家族の存在が悪事の抑止になるのは、良好な家族関係を維持できている人であり、筆者の経験では、犯罪に手を染める人の家庭には少なからず問題があるケースのほうが多い。

さらに、犯行に手を染める瞬間に家族の存在が抑止となりうるとすれば、十分理性が働いていると判断できる。しかし、犯罪の多くは、追いつめられ正常な判断を欠いている状態や、捕まらないだろうという過信のもとに行われているのである。このような状況で、家族の存在は抑止にはなりえない。

むしろ、加害者の子どもたちが証言しているように加害者の血が流れている子どもたちを差別することによって反社会性を植えつけ、加害者にしてしまう世代間連鎖のリスクのほうが高いといえる。

家族の犯歴によって、進学や就職の機会を奪われることがあってはならない。国は、加害者の親を持つ子どもたちへの差別を禁止し、公教育における人権教育を実施することによって啓発を推進すべきである。

## 2. 加害者家族の子どもたちに関する実態把握の必要性

現在まで、WOHが受理したケースの8割は、両親の片方が養育者となっており、家庭で養育されている子どもたちである。支援を要する相談者が任意で関わることを前提とする民間団体が把握できる実態は、家庭で養育されているケースであり、かつ、問題が生じた時点で相談しているケースに限られる。

両親の双方が逮捕または死亡などによって施設入所や里親のもとで養育されている子どもたちにも精神的な支援が必要と考えられるが、現状では民間団体によるアプローチは難しい。

したがって、児童相談所や女子刑務所といった加害者家族の子

どもたちが関わる施設を対象に調査を実施し、その実態をあきらかにする必要がある。子どもたちがどのような問題を抱えているかを把握したうえで、国や地方自治体、民間団体がそれぞれどのような支援を担うべきか、限界はどこにあるか、長期的な支援体制を構築することは不可欠であり急務であると考える。

# 社会的課題

## 1. メディアの役割——社会でさらなる情報共有を

　近年、加害者家族に焦点を当てた報道が増えてきたとはいえ、情報量は絶対的に少なく、加害者家族という存在が自然に人々の意識にあがるところまでは至っていない。加害者家族は、"Hidden Victim"（隠された被害者）"Forgotten Victim"（忘れられた被害者）と表現されるように、その存在は見えにくい。しかし、事件の背景には少なからず存在し、被害者の側面も有していることを社会が認識する必要がある。加害者家族への社会的非難が強い日本においては、加害者家族がみずから声を上げることには相当の勇気と犠牲が必要かもしれない。

　したがって、数多くの加害者家族と接している現場の支援者は、相談者のプライバシーに十分配慮したうえで、その存在を可視化していく努力が求められる。これまで長い間、加害者家族の問題が放置されてきた原因は、その実態が不明であったからにほかならない。問題を社会化していくためには、メディアとの連携が不可欠である。

## 2. 研究者と実務家との連携——問題の普遍化を

　存在が可視化されることによって解消される偏見もあれば、そこから生まれる偏見もある。筆者は、本書においてできるだけ多

くの事例を紹介し、子どもたちの多様性を繰り返し主張してきた。なぜなら、メディアに取り上げられるケースの多くは、加害者家族の実態とはかけ離れていることが多いからである。

映像であればとくに、その人生が波乱万丈であればあるほど人々の印象に強烈に残る。筆者はメディアによる可視化を否定するのではなく、異なるアプローチによってフォローしていく必要があると考える。本書のような一定の統計をもとにした専門書の出版もそのひとつであり、学術的なアプローチにも大いに期待するところである。全国各地でのシンポジウムやセミナーといった草の根の広報活動も重要である。加害者家族が抱える問題について、一過性の話題に留めることなく、普遍化していく努力が実務家と研究者の連携に求められる。

## 3. 子どもを犯罪に巻き込まない社会環境を
### ——捜査機関、報道機関の課題

日本社会において、犯罪や刑務所の実態は子どもに悪影響だとみなされ、正しい情報を与えてこなかった一方で、子どもはすでに捜査や報道に巻き込まれているにもかかわらず、子どもへの配慮はほとんどなされてこなかった。つまり、すべて大人の都合によって容赦なく子どもを巻き込み、都合の悪い事実は隠してきたのである。

子どもたちは、家族を含む大人たちの事情に振り回されることなく、健やかに成長する権利を有する。そして、自分に関する情報についてはきちんと説明を受けなければならない。

捜査機関においては、親が逮捕される瞬間を子どもに見せないような配慮や、家宅捜索や取調べに子どもを巻き込まないための配慮がなされるべきである。子どもが巻き込まれてしまった場合には、児童精神科医などのしかるべき専門家につなぐ配慮がなされるべきである。

突然、報道陣に自宅を囲まれるメディアスクラム（集団的過熱取材）にも子どもは巻き込まれている。報道の影響で、子どもの通学が妨げられるようなことはあってはならず、最低限、子どもへの直接的な取材は自粛すべきである。犯罪が発生した後、被害児童・生徒への取材については配慮がなされるようになってきたが〔→115頁〕、同じ子どもにも関わらず、加害者側の子どもを保護しようという視点はいまだ欠けていると言わざるをえない。

　映画『誰も守ってくれない』が描いたように、報道の影響によって子どもは学校に通えなくなり、教育を受ける権利を侵害されているのである。家族への執拗な取材は、家庭で暮らす子どもたちが安心して生活する権利を侵害している。子どもの人権の観点からも、報道のあり方が検討されなくてはならない。


# 具体的支援のあり方

## 1.「子どもの最善の利益」とは何か

　子どもの権利条約3条1号は、「児童に関するすべての措置をとるに当たっては、公的若しくは私的な社会福祉施設、裁判所、行政当局又は立法機関のいずれによって行われるものであっても、児童の最善の利益が主として考慮されるものとする」と規定している。

　子どもたちへの支援におけるさまざまな場面で、「子どもの最善の利益」とは何かということが問題となろう。判断をくだすのは大人であり、一方的に大人の正義を押しつけてはならない。

　加害者家族の子どもたちの「最善の利益」の判断に当たって、大人である支援者は、子どもからのSOSに敏感であることはもちろんのこと、子どもの養育者や親族、地域に関する状況把握が必要である。そして、事件がなぜ起きたのか事件そのものへのアプロー

チが不可欠である。

犯罪者として収監されている家族が、子どもにとって必ずしも害を与える存在だとは限らない。法を犯していても、家庭では良き父、良き夫であるという人は少なくないのである。反対に、法を犯すことはないものの、家庭では暴力的で、家族に対して人格を傷つける発言を繰り返しているような親も存在している[1]。

こうした家族の真実を見抜くには、書類だけでは十分ではなく、家族との信頼関係の構築と調査が必要であり、時間を要することである。それでも、「子どもの最善の利益」を追求するために行わなければならない。

伝統的な家族像にすべてのケースをあてはめるような、パターナリスティックな介入は排除されなければならない。

## 2. 家族の多様性を認める

筆者は、1,000件以上の加害者家族からの相談を受けているが、事件を起こした家族の形態はじつにさまざまであった。つまり、ひとり親家庭など一定の家族形態から犯罪者が出ているわけではない。今後は、同性カップルによる子育てなど、さまざまなライフスタイルが登場するであろう。そして、事件はどのような家庭からも起こりうるのである。犯罪の原因をただちに少数である家族形態に結びつけてはならない。

家事・育児をはじめ、生活様式も各家庭によってさまざまであり、子どもが健康で安全に生活できていることが重要であって、「こうあるべき」といった価値観を押しつけてはならない。

2013年に筆者が参加した米国テキサス州で開催された全米加害者家族学会において、家の中を描いている絵があり、それを見な

---

1 阿部恭子著『家族という呪い──加害者家族と暮らし続けるということ』(幻冬舎新書、2018年)で、この主張を裏づけるさまざまな事例を紹介している。

がら、家族の良いところを探そうというワークショップがあった。課題となった絵は、家の中は散らかっていて、ピザの食べかけのようなものが描かれていた。短所の方が目立つような絵であるが、「家が散らかっていても、清潔であれば問題はない」「料理ができあいのものであったとしても、家族で一緒に食事ができるということは良いことである」といったポジティブな側面を見つけることが大事であると主催者は説いていた。

　家庭の習慣を否定されることは、子どものプライドを傷つけ、劣等感を植えつけてしまうこともあることに注意が必要である。

### 3. 養育者の負担を軽くする支援を

　事件の子どもへの告知にあたって、具体的な助言なくして子どもの知る権利ばかり主張することは、養育者に「ダメな親である」といった劣等感を抱かせ、追いつめている側面があることに注意しなければならない。

　まず、考えるべきは、告知を担う養育者の精神的負担であり、諸外国のような刑事施設への収容について説明するための絵本や漫画などのツールを用意すること[→48頁]や、告知後の親子のフォローなど、告知をしやすい環境整備することである。

　家族に必ずしも事件の情報がもたらされているわけではないことも考慮に入れなくてはならない。情報を伝えるのは、必ずしも養育者でなければならないわけでもない。加害者家族支援最大の課題は、家族に集中している責任を社会が引き受けることである。

　したがって、子どもの支援においても、養育者に課題ばかりを示すのではなく、養育者の負担が軽くなるためにできることを探すことが先決である。

### 4. 捜査段階からの支援を

　加害者家族の子どもへの介入は、捜査段階から行われるべきで

あり、捜査機関や報道機関に対しても、子どもの人権侵害が起こらない環境整備を求めていかなければならない。

　加害者家族の子どもたちの支援は、世界的に、収監された家族と社会にいる子どもたちの交流が中心となっている。しかし、犯罪者の大半は、刑務所に収容されることなく社会で生活している。犯罪者が家庭に戻っている場合、親子の物理的な距離はないものの、仕事がなかなか見つけられないなど、社会復帰が順調に行かないストレスによって家庭環境は悪化する。したがって、加害者本人の就労支援や社会復帰支援も、子どもが育つ環境を改善するために必要である。

　痴漢や盗撮といった性犯罪では、加害者はすぐに釈放されているケースが多く、子どもと加害者との物理的な距離は問題ではなく、むしろ、事実の告知や事件後の関わり方が焦点となる。こうした事例は、諸外国の加害者家族支援から見つけることは難しい。

　加害者家族支援は、子どもたちの支援であっても福祉の領域だけでは不十分であり、日本の実践によって捜査段階からの継続的かつ長期的な支援モデルを発展させていきたい。


# おわりに

　毎日、ニュースや新聞で目にする痛ましい事件、事故。WOHの相談窓口である加害者家族ホットラインも鳴り止むことはない。それだけ、日々、加害者家族が生まれており、決して特殊な環境にある人々だけに課される運命ではないのだ。犯罪者ではない親から生まれようとも、ある時、ある瞬間から犯罪者の子どもになってしまうことがありうる。犯罪のない国はない。そうである以上、加害者家族という存在がなくなることはない。他人事ではなく、明日は我が身という視点でこの問題を考えていただきたい。

同情は、子どもたちのプライドを傷つけている。同情ではなく当事者意識を持って、社会におけるセーフティネットとしての支援のあり方を考えていくべきである。

# コラム⑤
# 私の偏見

　加害者家族の子どもたちといえば、私にとって忘れられないエピソードがある。

　「あいつの父さん人殺しなんだって」

　13歳のころ、外国籍の子どもたちに日本語を教えるボランティアをしていたとき、一人の男の子がからかうように、向かいに座っている男の子を指さして囁いたのだ。

　（人殺し……）

　私は一瞬、パニックになった。その瞬間まで普通に話していた男の子が殺人犯の息子だと知った瞬間、まったく違う人物に見えてしまった。私は平静を装おうと必死だったが、微かに体が震え、冷や汗をかいていた。その日、彼とは一度も目を合わせることができなかった。
　ボランティアの主催者は、在日韓国人のK先生で、私の初恋の人であり、私が人権活動に関わるきっかけを与えてくれた恩師だ。
　私はこの出来事について、早速、K先生に相談した。

　「あの子と、目を合わせることも怖いんです」

　酷い言葉だが、当時の私の正直な気持ちだった。

　「何が怖いのかな？」

先生は、表情一つ変えずに問いかけた。

「お父さんが人殺しっていうことは、あの子もそういう血が流れていて、いつか同じようなことをするんじゃないかって」
「そうかな？　君も将来は必ずお父さんやお母さんと同じようになると思う？」
「うーん……わからないです。なるかもしれないし、ならないかもしれない」
「じゃあ、あの子だって、お父さんと同じようになるかもしれないけどならないかもしれないってことだよね」

　先生は、浅はかな私をからかうように、笑いながらそう言った。その言葉はまるで呪いを解く魔法のように、私の体から恐怖を奪ったのだ。
　たしかに、血が繋がっている者同士が必ず同じ運命をたどるとは限らない。こうした発想こそが「偏見」なのだ。私はこの時、その男の子にとても申しわけないことをした自分を恥じた。
　しかしこの反応は、私のように普通の家庭で育った子どもが抱いてしまう感情かもしれない。子どもたちの間で、「○○の父親は人殺し」などという情報が回ってしまったら、怖いと感じてその子どもを避ける子どもたちも出てくるであろう。
　もし、あの時、K先生に「差別だぞ」と頭から否定されていたら、私はただ傷つき、彼らとの関わりを断ち切っていたであろう。大切なことは、子どもの感情を否定せずに、対話していくこと。
　この体験は、加害者家族の子どもたちの支援に今も生きている。

阿部恭子

# あとがき
## 加害者家族支援10周年を迎えて

　2008年、宮城県仙台市を拠点に始まった日本における加害者家族支援は今年で10年目を迎える。

　10年前、筆者は東北大学大学院に在籍しており、加害者家族に関する手掛かりを必死に探していた。「犯罪者」「家族」といったキーワードで検索してヒットする情報はごくわずかで、「犯罪に手を染める人は家族と縁が切れているか、家族のいない人」という仮説が正しいのではないかと思い始めていた。

　ところが、「犯罪加害者家族支援」という言葉がメディアを通して流れて以来、全国各地からの相談が絶えることはない。社会的に可視化されていないだけであって、ニーズは確かに存在していたのである。さらに、加害者家族の子どもたちに関しては、児童相談所やフリースクールといった子どもの問題に対応している民間団体などに潜在的なニーズが存在すると推測される。

　家族連帯責任という意識が根強く、加害者家族への社会的批判が厳しい日本において、加害者家族みずからが声を上げていくにはかなりの覚悟と勇気を要する。加害者家族が安全に発言できる土壌を築いていくためにも、さらなる潜在的なニーズの発掘が求められている。

　鈴木伸元著『加害者家族』(幻冬舎新書、2010年)出版以来、「加害者家族」という言葉が社会的用語となり、加害者家族を主人公とする映画やテレビドラマが増えたことは問題が一般化してきたことの証でもある。

　実践現場では、第二の加害者家族支援団体として、2015年に大阪を拠点としたNPO法人スキマサポートセンターが誕生し、2018

年には山形県弁護士が「犯罪加害者家族支援センター」設立によって加害者家族の法的支援に乗り出した。

　日本における加害者家族支援の動向は、韓国や台湾を始め、アジア諸国の支援者にも影響を与えており、この10年間で、加害者家族を取り巻く環境は大きく進歩したといえる。

　こうした支援が、加害者家族のニーズに即した支援であり続けるために、支援者として、加害者家族一人ひとりの言葉に耳を傾け、「目の前にいる加害者家族に何が必要か」「社会は何をするべきか」を考え続けていくことが求められよう。

　本書は、2017年度ファイザープログラム～心とからだのヘルスケアに関する市民活動・市民研究支援による助成を受けて実施された「中堅世代の加害者家族支援」の研究成果の一部である。また、諸外国の支援状況については、2015年トヨタ財団国際助成によって実施された研究成果の一部である。助成によって、日本全国のさまざまなケースを経験することにより、加害者家族支援の質を向上させることができた。さらに、近隣諸国の支援団体とのネッ

写真　WOH事務所にてスタッフが子どもと遊びながら悩みを聞く

トワーク構築が実現したことによって、日本社会に欠落している
視点を発見することにつながった。

　最後に、本書の構成にあたって多角的なアドバイスをいただい
た現代人文社の齋藤拓哉さんに心より感謝申し上げる。

2019年2月12日

阿部恭子

————————————————————————————————————— 編著者略歴

# 阿部恭子
（あべ・きょうこ／第1部第1章・第2部・第3部・第5部第2章・コラム）
NPO法人World Open Heart理事長。東北大学大学院法学研究科博士課程前期修了
（法学修士）。2008年大学院在籍中に、社会的差別と自殺の調査・研究を目的とした
World Open Heartを設立（2011年にNPO法人格取得）。全国で初めて犯罪加害者家
族を対象とした各種相談業務や同行支援等の直接的支援と啓蒙活動を開始、全国の加
害者家族からの相談に対応している。著書『加害者家族支援の理論と実践——家族の
回復と加害者の更生に向けて』（編著、現代人文社、2015年）、『交通事故加害者家族
の現状と支援——過失犯の家族へのアプローチ』（現代人文社、2016年）、『性犯罪加
害者家族のケアと人権——尊厳の回復と個人の幸福を目指して』（現代人文社、2017
年）、『息子が人を殺しました——加害者家族の真実』（幻冬舎新書、2017年）、『家族
という呪い——加害者と暮らし続けるということ』（幻冬舎新書、2019年）ほか。

————————————————————————————————————— 執筆者・監修者略歴（五十音順）

# 相澤雅彦（あいざわ・まさひこ／第3部第3章・第4部第1章）

臨床心理士。ソリューションフォーカスト・アプローチを中心に個別および集団心
理療法や不適応行動の改善プログラムに取り組んでいる。刑事施設内処遇カウンセ
ラー、公立学校スクールカウンセラー、大学学生相談カウンセラーとして活動してい
る。著作『加害者家族支援の理論と実践——家族の回復と加害者の更生に向けて』
（分担執筆、現代人文社、2015年）、『性犯罪加害者家族のケアと人権——尊厳の回復
と個人の幸福を目指して』（分担執筆、現代人文社、2017年）。

# 北茉莉（きた・まり／第1部第3章）

イースタン・イリノイ大学社会・人類・犯罪学部助教授。専門分野は比較犯罪学、フェ
ミニスト犯罪学。主な研究テーマは日本とアメリカの加害者・受刑者家族、女性と
犯罪、死刑、メディアと犯罪。国際受刑者家族学会運営委員。著作「アメリカにおけ
る性犯罪と加害者家族に関する概要」阿部恭子編著『性犯罪加害者家族のケアと人権
——尊厳の回復と個人の幸福を目指して』（現代人文社、2017年）。

# 李京林（い・きょんりむ／第1部第4章）

社会福祉学博士。社団法人児童福祉実践会セウム常任代表。建国大学師範大学卒業。
江南大学一般大学院社会福祉学博士課程卒業。大韓民国法務部法文化振興センター
教化相談士。ソウル東部拘置所矯正委員。「この世の中で受刑者の子どもとして生き
ていくということ」（矯正談論、2016年）、「受刑者の家族の経験に関する現象学的研
究——非難と生存の間で」（韓国社会福祉学会、2017年）、「受刑者の子どもの人権状
況実態調査」（国家人権委員会、2017年）。

編著者・執筆者・監修者略歴　189

# 草場裕之 （くさば・ひろゆき／第2部・第3部2章〔監修〕）

弁護士、仙台弁護士会所属。東北大学法学部卒業。日弁連子どもの権利委員会副委員長、仙台弁護士会刑事弁護委員会委員長等を務める。その他、NPO法人仙台ダルクグループ理事、東北・HIV訴訟を支援する会事務局長、東北薬害肝炎訴訟を支援する会事務局長。監修『加害者家族支援の理論と実践——家族の回復と加害者の更生に向けて』（現代人文社、2015年）、『交通事故加害者家族の現状と支援——過失犯の家族へのアプローチ』（現代人文社、2016年）、『性犯罪加害者家族のケアと人権——尊厳の回復と個人の幸福を目指して』（現代人文社、2017年）。

# 駒場優子 （こまば・ゆうこ／第3部第3章、第4部第2章）

臨床心理士、保育士。専門は、発達心理学、短期・家族療法、グループ療法。公立小中学校スクールカウンセラー、保育園発達相談員、刑事施設内処遇カウンセラーとして勤務。『脱学習のブリーフセラピー』（金子書房、2004年）、『ブリーフセラピーの登竜門』（アルテ、2005年）、『小学校スクールカウンセリング入門』（金子書房、2008年）、『加害者家族支援の理論と実践——家族の回復と加害者の更生に向けて』（現代人文社、2015年）、『性犯罪加害者家族のケアと人権——尊厳の回復と個人の幸福を目指して』（現代人文社、2017年）等、いずれも分担執筆。

# 佐藤仁孝 （さとう・じんご／第1部第2章）

臨床心理、NPO法人スキマサポートセンター理事長。事業を起したり、民間企業の役員を務めるなど多職種の経験を積み、その後臨床心理士に転身。矯正・教育・労働の領域で臨床経験を積む。行政や民間団体等の行う支援の「隙間」を埋めるために、NPO法人スキマサポートセンターを立ち上げた。

# 宿谷晃弘 （しゅくや・あきひろ／第5部第1章）

東京学芸大学人文社会科学系法学政治学分野准教授。専門は修復的正義・修復的司法、刑罰思想史。著書に、『修復的正義序論』（共著、成文堂、2010年）、『人権序論』（成文堂、2011年）、『加害者家族支援の理論と実践——家族の回復と加害者の更生に向けて』（分担執筆、現代人文社、2015年）、『性犯罪加害者家族のケアと人権——尊厳の回復と個人の幸福を目指して』（分担執筆、現代人文社、2017年）などがある。

## 現代人文社の関連書籍

### 加害者家族支援の理論と実践
―― 家族の回復と加害者の更生に向けて

編著：阿部恭子　監修：草場裕之
定価◎本体2,700円＋税
A5判・208頁・並製
ISBN978-4-87798-609-4

重大事件では、犯人の家族がその責任を問われたり、自責の念から自殺にいたるということがたびたび起こる。本書は、「犯罪加害者家族支援団体」による加害者家族支援の事例を踏まえて、人権や福祉、修復的司法、社会政策、刑事弁護などの観点から犯罪加害者家族の支援のあり方や方策を提示する。

### 交通事故加害者家族の現状と支援
―― 過失犯の家族へのアプローチ

編著：阿部恭子　監修：草場裕之
定価◎本体2,200円＋税
A5判・152頁・並製
ISBN978-4-87798-647-6

認知症による事故、自転車による事故、一瞬の気の緩みから生じる事故……。だれもが交通事故「加害者」の家族になりうる現実と隣り合わせである。交通事故加害者家族の実態調査と支援の実践例から効果的な支援のあり方を提案する。

### 性犯罪加害者家族のケアと人権
―― 尊厳の回復と個人の幸福を目指して

編著：阿部恭子
定価◎本体2,500円＋税
A5判・168頁・並製
ISBN978-4-87798-679-7

夫が、恋人が、父が、息子が……。魂の殺人と呼ばれる性犯罪。好奇の目に晒され、嘲笑の的となり、声を上げることができない性犯罪「加害者」家族。性犯罪加害者家族支援の理論と現状を踏まえ、支援の実践例を通して効果的な支援のあり方を提案する。

# 加害者家族の子どもたちの現状と支援
### 犯罪に巻き込まれた子どもたちへのアプローチ

2019年3月30日　第1版第1刷発行

編　著　阿部 恭子
発行人　成澤 壽信
編集人　齋藤 拓哉
発行所　株式会社 現代人文社
　　　　〒160-0004　東京都新宿区四谷2-10八ッ橋ビル7階
　　　　振替　00130-3-52366
　　　　電話　03-5379-0307（代表）
　　　　FAX　03-5379-5388
　　　　E-Mail　henshu@genjin.jp（代表）／ hanbai@genjin.jp（販売）
　　　　Web　http://www.genjin.jp
発売所　株式会社 大学図書
印刷所　シナノ書籍印刷 株式会社
装　丁　Nakaguro Graph（黒瀬 章夫）

検印省略　PRINTED IN JAPAN　ISBN 978-4-87798-722-0　C2032
ⓒ2019　ABE Kyoko

本書の一部あるいは全部を無断で複写・転載・転訳載などをすること、または
磁気媒体等に入力することは、法律で認められた場合を除き、著作者および
出版者の権利の侵害となりますので、これらの行為をする場合には、あらか
じめ小社また編集者宛に承諾を求めてください。